U0401406

向阿里学管理

阿里政委体系

阿里巴巴人力资源管理实战教程

阿里大政委亲授
阿里人才管理体系

促进业务发展 ｜ 推动文化落地
搭建人才梯队 ｜ 提升组织效能

许林芳 ◎ 著

  机械工业出版社
CHINA MACHINE PRESS

很多企业正在面临这些情况——

企业招不到人,招来了人但留不住;

HR 招聘来的人才不是业务部门需要的;

HR 忙于"职能活动",对员工的了解很少;

公司管理层忙于业务,文化建设没人关注;

想建一支阿里巴巴式的政委团队,但不知从何下手;

……

究其原因,就是企业的 HRBP 体系没有建设好。HRBP 体系已经存在 10 多年,但 80% 的企业管理者认为引入该体系后公司没有达到预期目标。有的企业 HR 转型为"政委"面临诸多难题。不同的企业,HRBP 岗位差别很大,有的如同业务助理,有的就是招聘专员,有的就是 HR……

到底什么才是真正的政委体系,它的定位、角色、人才画像及工作职责是什么?让我们来看看阿里巴巴运行 16 年的政委体系是如何做的。本书展现的是非常地道的阿里巴巴政委体系,通过阐述阿里巴巴政委究竟是什么,如何搭建政委体系,懂业务、推文化、促人才、提效能四大职责,政委的修炼等内容带你全方位地学习阿里巴巴政委体系,打造阿里巴巴式政委团队。

本书还附送一套完整版阿里巴巴政委落地工具包,让你不仅学得会,还能立即执行落地。本书适合大企业的 HR、HR 领导者、管理者,以及中小企业与创业企业的创始人、管理者、HR 阅读。

图书在版编目(CIP)数据

阿里巴巴政委体系 / 许林芳著. —北京:机械工业出版社, 2022.3 (2025.3 重印)

ISBN 978-7-111-70274-0

Ⅰ.①阿… Ⅱ.①许… Ⅲ.①电子商务-商业企业管理-人力资源管理-经验-中国 Ⅳ.①F724.6

中国版本图书馆 CIP 数据核字(2022)第 036608 号

机械工业出版社(北京市百万庄大街 22 号 邮政编码 100037)
策划编辑:胡嘉兴　　责任编辑:胡嘉兴
责任校对:李　伟　　责任印制:邰　敏
中煤(北京)印务有限公司印刷
2025 年 3 月第 1 版第 5 次印刷
145mm×210mm・8.75 印张・3 插页・204 千字
标准书号:ISBN 978-7-111-70274-0
定价:69.90 元

电话服务	网络服务
客服电话:010-88361066	机 工 官 网:www.cmpbook.com
010-88379833	机 工 官 博:weibo.com/cmp1952
010-68326294	金 书 网:www.golden-book.com
封底无防伪标均为盗版	机工教育服务网:www.cmpedu.com

前 言
Preface

2002年，我加入了阿里巴巴（以下简称阿里），任业务管理者（阿里称为"业务Leader"）。彼时的阿里还处于创业初期，如大多数创业企业一样，在管理上显得有些"青涩"和"稚嫩"，人力资源管理体系也是以传统的人力资源管理（Human Resource，以下简称HR）为主体——HR的工作更偏重于职能属性，比如招聘、考勤、培训、绩效考核等，企业文化的建设与传播由业务Leader负责。

当团队规模较小的时候，大家还能做到业务、文化"两手都抓，两手都硬"，但随着阿里规模的扩张和企业文化的发展需求，业务Leader开始渐露疲态，常常顾了业务，失了文化。当时，我和许多团队的业务Leader都觉得，要是有一个主抓文化的"帮手"就好了。

事实上，这种想法不仅出现在一线管理者身上，阿里的高层管理者也发现原本的HR体系已经是"小马拉大车"，新成立的大量地方团队开始与总部脱节，不仅企业文化和战略决策难以快速地传递到一线团队中，而且由于大量涌入的新员工没有接受阿里文化的熏陶，阿里文化正在慢慢被稀释。所以，阿里的HR改革迫在眉睫。

2004年，马云要求所有的管理者和HR看《历史的天空》，每天看两集，并且在每天的日报中归纳剧中政委和将军的工作特点，这其实是在为公司搭建政委体系营造氛围，即"松土壤"。一个月后，阿里开始走上了搭建政委体系之路。

首先，是政委角色的配置。阿里为各地方团队配备了小政委，为各大区配备了大政委，为事业部配备了人力资源副总裁（Human Resource Vice President，以下简称HRVP）。相应的政委制度也陆续出台，阿里政委体系应运而生，并在很大程度上串联起企业的整个组织架构。

一时间，阿里所有HR的身份随之一变，成为政委。这些政委是企业高管和员工间的"桥梁"、文化的"布道官"、员工的"小棉袄"。

其次，是政委职责的升级。2006年，一部战争题材的电视剧《亮剑》红遍大江南北。马云看了这部电视剧之后，对剧中的赵刚政委印象深刻，继而又让公司所有管理者和政委一起"追剧"，每天写心得、做总结。同时，阿里将政委的工作职责进行升级，要求政委先要懂业务，然后能推文化、促人才、提效能。阿里政委的这四大职责一直延续到现在，已经践行了15年。

在政委职责升级之后，我因为善于培养人被调到政委部门，成为阿里的大政委。任大政委期间，我不断总结经验，在一项项工作中磨炼自己的心性，理解政委在团队中需要扮演的角色和承担的职责。在担任阿里政委的5年中，我的眼界与格局不断提高，慢慢体悟出阿里政委体系的价值与意义。

对于我来说，参与并见证阿里政委体系的诞生与发展，是我在阿里印象最深的经历，也是我如今创立企业的底蕴。

回到本书开头的问题，什么才是真正的阿里政委体系？

在我看来，阿里政委体系是对传统HR体系的一种全面升级。它具有浓浓的"阿里味"，融合我国本土企业的特色；它改善了传统HR的种种弊病，能够帮助企业更好地发展与成长；它既是企业文化的"布道官"，又是员工心中的"小棉袄"。

如今，我已离开阿里，开始了新的征程——创立了自己的企业，但是阿里带给我的一切，特别是阿里政委体系，依然在帮助着我获得成长与成功。

阿里人常说："聚是一团火，散是满天星。"作为散落在一方的"星星"，我也想将让自己受益颇多的"火种"——阿里政委体系，推荐给更多的企业和HR，让大家都能感受到这一体系所展现的魅力。这也是我决定写作本书的初心。

在本书中，我将结合自己的实战经验和多年来总结出的"道"与"术"，为读者揭开阿里政委体系的神秘"面纱"，详细讲解阿里政委体系的架构设置、政委的修炼与成长方法。

为了让读者看清阿里政委体系的全貌，在本书中，我以阿里政委的四大职责作为整体框架，从懂业务、推文化、促人才、提效能四个方面入手，原汁原味地展现阿里政委的价值与意义，介绍阿里政委在组织的各个层面所发挥的重要作用。

本书覆盖了阿里政委在工作中能够见到的绝大部分场景，提供了大量的实战方法与策略，尽可能地还原了阿里政委从理论到方法的各个方面。我希望通过对阿里政委的深度剖析，让读者真正看懂、学会"不一样的HR"——阿里政委体系。

从本书中，你能获得：

阿里政委体系的核心工具；
促进业务发展的重要法则；
推动文化落地的实战技巧；
搭建人才梯队的有效方法；
提升组织效能的方法工具。

为了写好这本书，我采访了30余名阿里政委，与他们交流阿里政委、交流传统 HR，再结合自己这么多年辅导企业 HRBP（Human Resource Business Partner，人力资源业务合作伙伴）的案例、经验、总结和沉淀，形成这本书。

立德立言，无问东西。我想将这本《阿里巴巴政委体系》献给所有企业家和 HR。在阿里布满荆棘的发展之路上，阿里政委始终陪伴着所有阿里人，给他们带去了温暖、快乐与成长。我希望看到本书的读者能够从阿里政委体系的成功经验中有所收获，并将这种实用且适合我国本土企业的人力资源管理方法应用到企业和团队中，帮助自己获得全方面提升和发展，帮助组织和员工迸发出满满的活力与激情！

许林芳
2021 年

目 录
Contents

前言

第 1 章　传说中的阿里政委究竟是什么 / 001
1.1　了解阿里政委，从认识阿里文化开始 / 002
1.2　阿里政委体系的诞生与演变 / 016
1.3　阿里政委与传统 HR 有何不同 / 022
1.4　为什么阿里如此钟情于政委体系 / 026

第 2 章　政委体系的架构设置 / 031
2.1　阿里政委的组织架构 / 032
2.2　阿里政委的两大定位 / 040
2.3　阿里政委需要担任哪些角色 / 043
2.4　阿里政委的人才画像 / 048
2.5　阿里政委的四大职责 / 053

第 3 章　懂业务：政委如何为业务赋能 / 059
3.1　政委为什么要懂业务 / 060
3.2　阿里政委懂业务的三个层次 / 067
3.3　政委与业务相处之道的"四段论" / 072
3.4　政委懂业务还不够，帮业务才可以 / 082
3.5　工具：业务诊断的"六个盒子" / 086

第 4 章　推文化：政委如何做好文化的"布道官"和"传承者" / 115
4.1　政委如何做好文化的"布道官" / 116
4.2　政委如何做好文化的"传承者" / 123

4.3 如何用文化赋能员工发展 / 135

4.4 文化落地的八大工具 / 141

第 5 章 促人才：政委如何做人才管理 / 151

5.1 抓源头：招聘 / 152

5.2 抓培养：在用人中养人，在养人中用人 / 164

5.3 抓用人：个个是人才，赛马不相马 / 176

5.4 抓赋能：拴心留人的三大招式 / 188

5.5 促人才工具：人才盘点 / 192

第 6 章 提效能：政委如何帮组织提效能 / 199

6.1 提升组织效能工具一：双轨制绩效考核 / 200

6.2 提升组织效能工具二："271"制度 / 223

6.3 提升组织效能工具三：团队建设 / 234

第 7 章 政委的修炼 / 245

7.1 政委如何"照镜子" / 246

7.2 政委如何"闻味道" / 253

7.3 政委如何"揪头发" / 260

附录　阿里政委"土话" / 268

第 1 章

传说中的阿里政委究竟是什么

如果将阿里政委体系比喻成一栋高耸的摩天大楼,那么阿里文化便是坚实的地基。在阿里文化的滋养下,阿里政委体系不断发展,并犹如一株繁茂的大树,为阿里遮风挡雨。因此,想要学习阿里政委体系的人要从认识阿里文化开始,了解阿里政委的诞生与演变,清楚阿里政委与传统 HR 有何不同,知道为什么阿里如此钟情于政委体系,通过"追根溯源",看清独具魅力的阿里政委体系。

1.1 了解阿里政委,从认识阿里文化开始

阿里政委究竟是什么?这是我在为许多企业进行咨询、培训时常常被问到的问题。面对这一问题,我通常的回答是:"要想了解阿里政委,先要认识阿里文化。"

阿里从创立、发展到收获成功,阿里文化所起到的作用不容忽视,而阿里政委体系的发展同样建立在阿里文化的基础之上,两者密不可分。

我曾为许多企业做过管理咨询服务,发现一些企业高层喜欢照搬其他成功企业的体系与制度,却忽视了企业文化的重要影响,最终导致体系与制度"水土不服",不仅员工怨声载道,企业经营也不见起色。这就像一个人给一株原本生长在沙漠的仙人掌不停地浇水一样,充足的水分不仅无法让仙人掌更好地生长,反而会将它推向死亡。

管理者想要有效地学习、嫁接某个体系,需要了解促使这一体系诞生的企业文化,否则生搬硬套的体系就会像无源之水、无本之木,空有一副"皮囊",却失去了重要的"灵魂"。对于阿里政委体系的学习也是如此,无论是管理者还是HR,要尽可能从了解阿里文化开始,这样更有利于明白阿里政委体系存在的价值与意义。

那么,阿里文化有着怎样的特色呢?

很多阿里人会将阿里文化比喻成一种独特的"味道",也就是

"阿里味"。无论是正在阿里工作的员工,还是离开阿里多年的"老兵",他们身上或多或少都会带有"阿里味"。这种独特的"味道"正是阿里文化的重要体现。

我在阿里担任大政委时,有很多刚刚成为阿里政委的新员工向我"诉苦",表示自己对阿里政委的定位和概念一知半解,无法找到工作的核心。

面对这样的政委,我会说:"你要想知道阿里政委到底是什么,首先要认识阿里文化。当你真正参透阿里文化,身上时刻带有'阿里味'的时候,你就能明白自己要做什么,要去的方向是哪里,你身上的'阿里味'也会影响更多的人。"

了解阿里政委从认识阿里文化开始,这是阿里政委走向成功的重要开端。

1.1.1　阿里文化成长的五大阶段

阿里文化的成长分为五大阶段——校园文化、铁军文化、"独孤九剑""六脉神剑""九阳真经"(见图1-1)。在这五大阶段中,阿里文化始终伴随着阿里的发展在进行转变,各种制度和体系也随着文化的成长不断被建立和完善。其中,阿里政委体系就是为了迎合阿里文化成长的需要而形成的。

图1-1　阿里文化成长的五大阶段

1. 校园文化

1999—2001年,马云带着"十八罗汉"(阿里创业成员)在湖畔花园小区的一所民居中开始艰苦的创业,阿里也由此诞生。这时,企业的成员大部分都是马云的学生,因此人际关系非常简单,同事间相处还像在校园中一样单纯,彼此仍然是同学、老师的关系,所以被称为校园文化。

阿里的这种校园文化到现在仍有保留,比如新人在培训期间,彼此之间会以"同学"相称;在马云卸任阿里CEO之后,阿里人会称呼马云为"马老师"。

我在阿里工作的10年间,参加了许多新员工欢迎会。在会上,我每次都会告诉这些新员工:"当你碰到不认识的同事时,不要以'哥''姐'相称,而要称呼对方为'同学'。阿里是一个追求人人平等的企业,一声简单的'同学'更能拉近彼此的距离。"

除了体现在称呼上的校园文化,阿里的创始人在这一时期总结出的"可信、亲切、简单"也为阿里价值观的形成奠定了基础。

那么,应当如何理解"可信、亲切、简单"呢?

"可信"要求阿里的员工讲究诚信,能够得到客户的认可和信任。

"亲切"要求阿里的员工在与客户沟通时要具有人情味,要与客户像家人一样亲密,不能只谈冷冰冰的"生意"。

"简单"包含两个层面,一是阿里的产品要简单易用,能够满足大部分客户的需求;二是阿里的员工关系要简单、和谐,不能出现"办公室政治",不能将个人恩怨带入工作之中。

这看似简单的六字口号形成了阿里创业初期的企业文化,虽然内容不多,但却很实用,而阿里之后的核心价值观"六脉神剑"就是从这一口号演变而来的。

2. 铁军文化

2001—2003 年，阿里诞生了铁军文化。在这一时期，阿里主要经营 B to B[一]业务，其中一个重要产品就是"中国供应商"，也就是现在人们常说的"中供"。

"中供"基于阿里国际网站，能够帮助我国商家将自己的产品向海外买家进行展示，从而推动外贸的开展。为了推广"中供"，阿里组建了许多"地推"（线下推广、销售）团队，"挨家挨户"地向中小型企业宣传"中供"这一新型互联网产品。

有人将"中供"比喻为阿里的"奶牛"。在阿里最困难的时期，是"中供"为淘宝、天猫、支付宝等子公司提供了源源不断的资金"奶水"。

我有幸亲身经历了"中供"的辉煌年代，也曾带领许多销售团队打过一场场"硬仗"。在我看来，"中供"的"地推"团队是"最有阿里味"的一群人，也是阿里的一种"文化图腾"。

阿里的这些"地推"团队因为缔造了许多令人惊叹的成绩和传奇故事，所以被人们称为"中供铁军"，而"中供铁军"高执行力、高激励、高乐观的特征就形成了阿里的铁军文化。

在阿里企业文化中，铁军文化有着强烈的个性。在"中供铁军"的成员看来，他们完整地保留了阿里早期文化中最"原始"的部分，而这一部分也正是"阿里味"最浓的地方。

3. "独孤九剑"

2001 年，在美国通用电气任职多年的关明生加入阿里，其对阿

[一] B to B（企业对企业），是指企业与企业通过网络开展交易活动的商业模式。

里推行"独孤九剑"价值观的工作发挥了重要作用。

马云回忆当时的情景说:"关明生进阿里后问我阿里有价值观没有,我说有啊!他说写下来没有?我说没写过,他说把它写下来,想想从1995年开始是什么让我们这些人活下来的。我和18个创始人一共总结了9条:群策群力、教学相长、质量、简易、激情、开放、创新、专注、服务与尊重。没有这9条,我们活不下来。我告诉新来的同事,谁违背这9条,立即走人,没有别的话说。只有在这种环境下,我们才能拥有良好的工作气氛。"

"独孤九剑"是阿里第一次明确提出的价值观,并对原本只能言传身教的价值观进行了清晰的表达,为之后阿里不断升级、迭代价值观打下了良好的基础。

"独孤九剑"自2001年被阿里推出,一直沿用至2004年。"独孤九剑"的推行和落地后来逐渐出现了一些问题,而这些问题是由外在因素和内在因素共同导致的。

阻碍"独孤九剑"落地的外在因素是阿里当时面临着许多业务方面的变革和外部市场环境的冲击,通俗来说,就是当时的阿里机会多、工作多、挑战多,但是人手不够。这就导致"独孤九剑"价值观体系慢慢无法匹配组织发展的需求。内在因素是有大量新员工入职阿里,这些新员工使企业文化被稀释,这便更加重了企业文化难以实现落地的情况。

在2004年前后,马云在对阿里进行内部走访的时候问新员工:"你知道阿里的价值观吗?"很多新员工都很诧异地说:"不知道。"

马云认为,"独孤九剑"之所以没有被新员工认知和了解,根本原因在于企业文化没有让新员工参与共创,同时想在短短几个月内让上千名新员工记住"知识点"繁多的"独孤九剑"着实不容易。

于是，在马云和企业中的高层、中层及基层老员工代表的研究与共创下，阿里决定对企业价值观进行精简、迭代、升级，并通过具体的体系和制度让企业文化更好地落地。由此，阿里开始推行"六脉神剑"价值观，阿里政委体系也伴随着这套价值观诞生了。

4. "六脉神剑"

美国企业文化专家劳伦斯·米勒说："几乎每个美国大型企业都在发生企业文化的变化，老的企业文化在衰变，新的企业文化在产生。"随着企业的整体发展，企业文化也会随之转变，阿里也是如此。

企业文化并不是供在企业"祠堂"中的"牌位"，不能一成不变、墨守成规，而应"活"在企业的整体价值体系之中，根据企业的发展需求和外部市场的环境变化而不断迭代，并通过新的企业文化来指引企业的成长方向。

2004 年，阿里对"独孤九剑"价值观体系进行了迭代、升级，将原本的 9 条价值观简化为 6 条，确定了"六脉神剑"价值观体系，使原本复杂的价值观变得更为简单、实用，让几千名员工都能更容易地记住，并根据价值观规范自己的行为。

阿里"六脉神剑"的具体内容为客户第一、团队合作、拥抱变化、诚信、激情、敬业（见图 1-2）。

图 1-2　阿里"六脉神剑"价值观体系

为了避免出现"独孤九剑"时期企业文化难以推行的问题,阿里在"六脉神剑"推出的时候开始建立政委体系,辅助"六脉神剑"这一新价值观的落地,希望从根本上激活组织、赋能人才。

正是有了政委体系的辅助,阿里的企业文化才得以固化和充实,"六脉神剑"价值观体系也沿用至今,只在2008年针对M4(阿里职级)以上的管理者进行了一次迭代,推出"九阳真经"。由此可见,阿里政委体系对阿里文化的落地起到了关键的推动作用。

从"独孤九剑"到"六脉神剑"的转变意味着阿里的企业文化逐渐走向标准化和规范化,而阿里政委体系的建立也代表了阿里践行企业文化的坚定决心。

5."九阳真经"

2008年,阿里的企业规模变得十分庞大,企业管理层人数急剧扩张。面对这样的情况,马云意识到政委体系需要进行新一轮的迭代。于是,阿里在"六脉神剑"的基础上补充了3条针对管理层的价值观要求,形成针对M4以上职级的管理者的价值观体系。

阿里"九阳真经"在"六脉神剑"的基础上补充了3条内容——眼光、胸怀和超越伯乐(见图1-3)。

图1-3 阿里"九阳真经"价值观体系

阿里推出的"九阳真经"很好地完善了阿里的价值观体系,使其价值观的适用范围更广、层次更立体,同时,这种改变也标志着阿里文化在制度和体系方面的成熟。

1.1.2 阿里的七大子文化

企业文化如果仅仅是"干巴巴"的使命、愿景和价值观,将很难得到员工的认同和理解,甚至会使员工产生"逆反"心理,认为企业文化都是"假招子",随便应付一下就可以。

那么,什么样的企业文化形式会让员工提不起兴致呢?

在我进行企业咨询期间,有一个案例让我记忆犹新。

当时,邀请我做咨询的企业中有一个团队几个月来都人心涣散,离职率居高不下。团队的人心散了,业绩自然一落千丈。面对这样的问题,我首先想到原因很可能是这个团队的小政委工作没有做到位。于是,我到这个团队所在的城市,对其小政委进行面谈。

在面谈过程中,我询问小政委平时如何落实企业价值观。他表示,自己每天早上都会带领员工一起喊口号,背诵企业价值观,甚至会定期组织员工进行企业文化方面的考试,考试成绩不合格的员工会受到惩罚。

听了小政委的表述,我能看出他辛辛苦苦做了许多工作,但问题是他的做法并没能打动员工,无法让员工心甘情愿地践行价值观,反而让员工产生了一种逆反心理,更有甚者会表现出"当面一套,背后一套"的行为,给团队带来不良的影响。

那时,我对小政委说:"政委的工作不是管制,而是影响;不是向员工的头脑中灌输思想,而是'润物细无声'般走入员工的内心。你现在的做法可以说是事倍功半。当你找到更加恰当、巧妙的方法时,企业价值观就能更加深入人心,团队的凝聚力也就增强了。"

那次面谈结束后,这名小政委改变了原本死板的工作方法,通过一项项有趣的活动和带有"人情味"的工作将企业文化融入团队之中。很快,这个团队的离职率大幅下降,业务成绩也有所回升。

企业文化不能只是冷冰冰地宣传、倡导甚至管制。政委要善于在企业文化中注入一些"温度",加入一些"人情味",让员工在轻松、愉快的氛围中潜移默化地理解并认同企业文化。

特别是现在有许多"95后""00后"员工涌入职场,他们有着强烈的个性,追求新奇、好玩的事物,会为自己的喜欢与热爱"买单"。面对这些员工,政委更要将企业文化进行精心的"装扮",让企业文化能够更贴近员工的心灵,"渗透"到员工的心里。

在这一方面,阿里做得还不错。随着不断的发展和扩张,阿里围绕核心价值观派生出许多独特、新奇、有趣、好玩的子文化。这些子文化不仅丰富了阿里文化,还成为传播阿里文化的有效工具。很多阿里政委在进行文化落地的过程中,甚至更愿意使用这些子文化,因为子文化更有"温度"和"人情味",更容易让员工认可和接受。

阿里文化的主色彩是橙色,因此在阿里政委看来,"六脉神剑""九阳真经"是阿里文化的"橙核",而阿里的子文化则是包裹这个"橙核"的"橙肉"。

阿里的子文化是如何让员工在愉快的氛围中吸收企业文化的呢?

阿里有七大子文化,分别为笑脸文化、Fun文化、倒立文化、武侠文化、店小二文化、手印文化和"红军"文化(见图1-4)。

图1-4 阿里的七大子文化

1. 笑脸文化

记得我在阿里任职时,有一位客户到阿里与我洽谈合作项目。见到我后,他马上抛出了一个问题:"为什么我看到每个阿里员工的脸上都挂着笑容?是不是因为他们的薪资待遇非常高?"

我笑着对他说:"不是薪资让他们微笑,而是阿里文化让他们微笑。"

阿里被许多人称为"笑脸最多"的互联网企业,这是因为阿里有一种笑脸文化。如果大家仔细观察阿里的LOGO(标识)就会发现,LOGO中的"a"实际上就是一张笑脸,这张笑脸意味着让客户满意、让员工满意、让股东满意。

马云说:"让员工快乐工作是好雇主应该做的事情,总之一定要让员工'爽'。在阿里,员工可以穿旱冰鞋上班,也可以随时来我办公室。把钱存在银行里,不如把钱花在培养员工身上。把钱投在人身上是最赚的。"

在阿里人看来,工作的目的不仅仅是获得薪水,更重要的是享受舒适的工作环境和愉快的工作过程，在快乐的氛围中实现自我价值。

2. Fun 文化

阿里有句"土话"：Work with fun。这句话在说工作是为了快乐。阿里的员工大多是年轻人，他们非常有活力和激情，总想尝试新鲜、新奇的事物。为了迎合员工的需求，阿里推行 Fun 文化，鼓励员工在工作中展现出创造性和趣味性。

比如，阿里在每年年终大会上，都会评选出各种有意思的"十大"，以带有玩笑性质的形式给予员工荣誉和奖励。

在担任大政委的那些年，每年我都会亲自设计、组织年会，而年会中必不可少的环节就是"十大"评选活动。我推出过"十大生猛奖""十大天真奖""十大既要、又要、还要奖"等。

所谓"十大"针对的是员工的特征和成就，只有那些为团队做出突出贡献的人才能得到这样的称号。因此，很多员工会为了这些称号而发奋图强。年会后，也常常有员工向我表示，这种评选活动比单纯的抽奖、发奖金有趣得多。

3. 倒立文化

在淘宝，有一种独特的倒立文化，几乎所有淘宝的员工都会倒立。

倒立文化源于非典疫情时期。当时，淘宝员工都居家隔离办公，为了保持身体健康，活跃工作氛围，他们开始在家中练习倒立。在进行倒立之后，很多员工表示，人在倒立时看事物的角度会发生变化，许多原本看似困难的问题会变得简单。于是，倒立文化就发展为阿里的子文化之一。

之后，淘宝遇到了强大的竞争对手 eBay（易见）。当时，一些淘宝员工认为新成立的淘宝难以撼动 eBay 在网络零售领域的地位。为了消除员工的这种畏难情绪，马云大力推广倒立文化，甚至还组织倒立比赛，将学会倒立作为员工必须完成的一项任务。

对于这种做法，马云说："因为在平时，我们很少会意识到，那些看起来强大的事物，如果倒过来看的话，就并非那么强大了。所以淘宝倒立的理念是：首先要健康，其次要换一种角度来看 eBay。它看起来很强大，但是如果倒过来看，eBay 一点也不重要，我们可以这样做，也可以那样做。所以这就是我们用不同的方式，用我们的方式看世界的结果。这就是倒立的意义。"

倒立文化让淘宝员工提高了创新意识，具有了颠覆传统的精神。仅仅历经 2 年时间，淘宝就超越了 eBay，而倒立文化也成为阿里的重要子文化。

倒立文化是阿里价值观的一种具象化表现，在很大程度上帮助阿里人保持着旺盛的创新能力。

4. 武侠文化

阿里有着浓厚的武侠氛围，比如阿里的价值观叫作"六脉神剑""九阳真经"，阿里人在工作中会使用颇具武侠气息的"花名"，阿里的办公室被命名为"思过崖""光明顶"等，阿里的科研机构叫作"达摩院"，甚至连阿里的厕所都被命名为"听雨轩""观瀑亭"。

阿里的这种武侠文化一方面来源于马云对武侠小说的热爱，另一方面也是阿里人"快乐工作，认真生活"的价值观体现。

阿里对武侠文化的运用，使员工在放松心情、缓解压力的同时，感受到行侠仗义、公平公正的精神和态度。

5. 店小二文化

阿里倡导"客户第一"的价值观，而店小二文化就是由这一价值观衍生出来的子文化。

在淘宝，员工被叫作"店小二"。淘宝之所以这样为员工命名，就是希望员工能够奉行"客户第一"的价值观，使员工在为客户服务的过程中找准自身的定位，从而为客户提供全面、周到的服务。

"店小二"这一称呼来源于古代茶楼、饭庄中对服务人员的称呼。古代的"店小二"看到客人会主动打招呼，细心周到地照顾客人。淘宝希望员工能够向古代的"店小二"学习，为客人提供亲切、周到的服务，避免"店大欺客"的情况出现。

6. 手印文化

手印文化是支付宝独有的企业文化。每名入职支付宝满1年的员工都要在一面盾牌上按上自己的手印，并将这面盾牌挂在墙上。每面盾牌上的手印都代表着支付宝员工对客户交易安全的保证和承诺。

支付宝的手印文化就像是员工的成人礼，意味着员工对客户所要担负的责任。从这一角度来看，手印文化是阿里"诚信"价值观的体现，对员工有着很强的指导意义。

7. "红军"文化

2007年，阿里的第5家子公司阿里软件成立，同时阿里的"红军"文化也由此诞生。

阿里软件经过了3年漫长的筹备期，在创立之初也遇到了许多困难，但是阿里软件的员工有着远大的理想，希望通过自己的奋斗"闯"出一片天地。阿里软件的发展历程有些像红军的长征，因此所诞生出来的文化便被叫作"红军"文化。

"红军"文化指的是"做软件""搞技术"如同红军过草地、爬雪山一样困难，但是无论面对怎样的困难，员工也要以奋斗、拼搏的精神走出一条通往胜利的道路。

阿里文化是帮助人们了解阿里政委体系的重要途径。无论是阿里文化的发展过程，还是有趣的阿里子文化，其中都透露出阿里政委体系的价值与作用。因此，大家想要了解阿里政委，要从认识阿里文化开始。

1.2 阿里政委体系的诞生与演变

我在为企业做培训的时候，发现一个很有意思的现象：员工进入企业后，只会见到 HR 两次，一次是在办理入职手续的时候，一次是在办理离职手续的时候，而在员工整个工作过程中，HR 仿佛"人间蒸发"了一样，难以看到其踪影。

在这样的企业中，HR 离员工、业务都很远，只忙于人事招聘、人事调动等职能性工作，无法与组织的运转很好地贴合在一起，企业中的企业文化、业务发展和人力资源三者也是几乎分离的，最终导致企业文化无法落地、业务发展受到阻碍、组织运转不畅等问题的出现。

如何将企业文化、业务发展与人力资源三者有机地结合到一起？这一问题可能困扰着许多企业。马云在创立阿里的时候同样面临这样的问题，而他的解决办法就是建立起一套能够整合这三方面关系的体系，这就是阿里政委体系。

阿里政委体系的发展分为五个阶段：诞生期、初创期、发展期、成熟期、新时期（见图 1-5）。阿里政委体系的每个发展阶段都伴随着阿里的整体发展和变革，同时阿里政委体系的诞生与演变也推动着阿里不断向更好的方向前进。

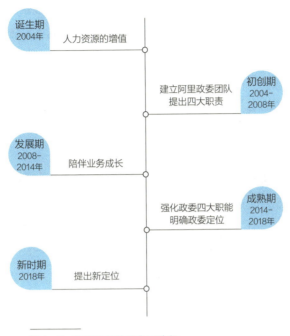

图1-5 阿里政委体系发展阶段

1.2.1 诞生期：人力资源的增值

2004年，阿里的企业规模开始快速扩张。面对组织层级不断增多、企业跨区域发展的趋势，马云开始寻求一套不仅能够帮助企业文化落实到一线员工，同时将业务和人力资源进行整合的体系。

当时，阿里以 B to B（企业到企业）产业为主，核心产品是"中供"，而负责推广、销售"中供"产品的"中供铁军"分散在全国各个地方的办事处。所以，很多"中供铁军"的员工都是从办事处所在城市招入的。这些员工只在刚刚入职时到阿里杭州总部进行培训，培训结束后就回到原来的城市"跑业务"。

很快，阿里就遇到了棘手的难题。面对分散在不同城市的团队,阿里难以将企业文化渗透到组织一线,总部也很难与地方团队建立起紧密的联系。组织的逐渐"失控"成为摆在马云面前的一道难关。

正当马云急需处理这些危机和困难时,他忽然在电视上看到了一部军事历史电视剧,名字叫《历史的天空》。正是这部电视剧给马云带来了灵感,使他产生了在阿里内部建立政委体系的想法。

在这部以抗日战争为背景的电视剧中,主人公姜大牙是农民出身,在刚刚加入八路军的时候缺乏纪律性,属于"草莽英雄"。但是在政委东方闻英的帮助下,姜大牙逐渐展现出优秀的品质和出众的智慧,成长为一名足智多谋、具有极高思想觉悟的将领。

马云看到《历史的天空》中政委东方闻英的形象后,便下定决心在阿里内部建立阿里政委体系,让企业的HR像红军政委一样担负起文化宣导者、业务参与者、生活管理者、矛盾化解者的角色,从而让企业的人力资源得到增值。

确定了自己的想法后,马云着手建立阿里政委体系,将企业中的HR改名为"政委",并将《历史的天空》这部电视剧推荐给员工,甚至"硬性"规定他们一天看两集,每天看完后还要写心得体会。

这种"奇葩"的工作任务让那些新上任的政委有些摸不着头脑。但是,大家很快理解了马云的良苦用心,从电视剧中总结出政委的职责与特点,并且推动阿里政委体系的落地。

阿里政委体系诞生后,每个地方团队都会被派来一名政委。这些政委会在工作中了解业务、关心员工、传播文化,进而加强了地方团队和企业之间的联系。此时阿里对政委的定位是:关于"人"的问题的合作伙伴,人力资源的开发者,企业与员工之间的同心结和桥梁,企业文化的倡导者、贯彻者和诠释者。

在阿里政委体系的诞生期，马云通过对红军政委体系的借鉴，找到了将企业文化渗透到组织中的有效方法，为阿里之后的发展奠定了良好的基础。

1.2.2 初创期：建立阿里政委团队，要求政委懂业务

2004年至2008年，阿里政委体系进入初创期。在建立阿里政委团队的过程中，2006年播出的电视剧《亮剑》给马云带来了启发。

在《亮剑》中，主人公李云龙所带领的部队中的政委是赵刚。赵刚政委在部队中扮演着四种角色：李云龙的"搭档"、队伍建设的"画手"、矛盾冲突的"裁判"和政治文化的"导师"。同时，赵刚政委能赢得李云龙信任的关键是他"懂业务"。

在阿里政委体系推行的过程中，有些政委因为对业务不熟悉、不了解而无法得到团队成员的认可、信任和支持，最后导致许多工作很难推行下去。

在一些业务主管看来，不懂业务的政委属于"外行领导内行"，仿佛每天都拿着一柄"尚方宝剑"来限制、阻碍自己的工作；在一些员工看来，不懂业务的政委无法理解自己工作的难处，无法真正走入自己的内心，所以保持一个"点头之交"的态度就可以了。

面对这种情况，马云对政委提出新的要求：政委不仅要解决人的问题，还要做到"懂业务"，能够陪伴业务成长。

"陪伴业务成长"这一要求的提出，意味着阿里政委体系真正成为连接企业文化、业务发展和人力资源三者的重要纽带。

马云和阿里高层结合阿里的实际情况，总结出阿里政委的四大职能——懂业务、推文化、促人才、提效能。

这四大职能的确定意味着阿里政委体系开始向着正规化、标准化、专业化的方向迈进，也标志着阿里政委体系成为企业发展的重要体系。

阿里政委体系不仅存在于"中供铁军"之中，同时也在淘宝、支付宝等子公司中得到推广和建立，最终使阿里形成统一且具有特色的人力资源体系。

1.2.3 发展期：陪伴业务成长

2008年至2014年，阿里的业务范围不断扩大，包括B to B（企业到企业）、B to C（企业到个人）、C to C（个人到个人）、蚂蚁金服、阿里云、菜鸟等多项业务。

为了适应企业发展的新需求，阿里对政委体系进行了进一步的调整和完善，并加强了培训和培养工作，如制定政委的定期培训、制作配合政委工作落地的工具包、建立大量的政委管理论坛等。在这一时期，大量的阿里政委通过完善的政委体系和系统的培训得到了快速成长。

1.2.4 成熟期：强化政委四大职能及定位

2014年至2018年，阿里政委体系迎来成熟期。在这一时期，阿里强化了政委的四大职能——懂业务、推文化、促人才、提效能。

起初，阿里对政委的主要要求是懂业务、推文化、促人才。2014年，阿里在美国纽约证券交易所正式挂牌上市，这也标志着阿里进入了一个崭新的发展时代。为了面对新的机遇和挑战，阿里再次完善政委体系，对政委增加了"提效能"的职能要求。

政委四大职能的提出和确定，在一定程度上扩大了阿里政委的职能范围，同时也进一步提高了对阿里政委的要求。

"懂业务"要求阿里政委理解业务逻辑，能够从业务视角看待组织；"推文化"要求阿里政委守护并传递企业文化和价值观；"促人才"要求阿里政委升级并增值人才结构；"提效能"要求阿里政委提高团队人效的产出。这四大职能能够帮助阿里政委快速、准确地找到自己的定位，从而更好地推动组织和团队的发展。

1.2.5 新时期：提出新定位

自 2018 年以来，无论是阿里还是阿里政委体系，都迎来了新的发展时期。面对市场环境的快速变化，阿里人明白只有不断开阔自己的视野、提升自身格局，才能跟上时代的脚步。因此，阿里对阿里政委体系再次进行升级，并提出了新的定位。

使命愿景的坚守者、文化的捍卫者、组织机制的架构师、业务的战略伙伴——这是阿里政委在新时期的角色定位。从这四条定位可以看出，阿里要求政委能够站在更高的视角看待自己的工作和职责，从而更好地适应企业内外部环境的变化，帮助企业向着正确的方向不断前进。

从阿里政委体系的诞生与演变中，大家可以看到阿里整体的发展历程。作为推动阿里文化落地、业务发展、人力资源增值的重要工具，阿里政委体系值得更多的企业学习、效仿和借鉴。

1.3 阿里政委与传统 HR 有何不同

阿里政委与传统 HR 有何不同？阿里政委真的比传统 HR 更能促进人才的发展吗？

这是很多刚刚接触阿里政委概念的人会发出的疑问，也是我在培养政委的过程中，被问及较多的问题。

在培训现场，我喜欢讲这样一个例子来回答这些问题：一个学校中有这样两种老师，一种老师不苟言笑，只要学生一犯错就要打手心，学生考试成绩优异就奖励"小红花"；另一种老师和蔼可亲，对待学生像朋友一样，课间休息时会和学生聊天谈心，学生不开心时会对其进行耐心的劝慰，学生取得好成绩时会和他们击掌相庆。

讲完这个例子，我会问台下的学员："如果你是这个学校的学生，你喜欢哪种老师？"我得到的答案往往是后者。然后，我会告诉学员，传统 HR 就像是第一种老师，而阿里政委就像是第二种老师。

阿里政委其实就是阿里 HR 转型之后的称呼，但是这种转型并不是单纯称呼上的变化，更多表现在角色定位、工作内容和主要产出上的转变。大家如果将传统 HR 视为企业"幕后"的"操纵者"，那么阿里政委就是企业"幕后"的"赋能者"。这种从"操纵者"到"赋能者"的转变，就是阿里政委与传统 HR 最大的不同。

我曾将阿里政委和传统 HR 进行对比，找出了两者之间在角色定位、工作内容和主要产出三个方面的不同（见表 1-1）。

表 1-1 阿里政委与传统 HR 的对比

项目	阿里政委	传统 HR
角色定位	管心、管思想、重精神激励	管身、管行为、重物质激励
工作内容	懂业务、推文化、促人才、提效能	招聘、制度建设、绩效考核、职业化培养
主要产出	忠诚度、幸福感、领导力	满意度、敬业度、执行力

1.3.1 角色定位的不同

我曾经向一些企业中的员工抛出过这样的问题:"请你用一句话形容一下你们企业的 HR。"我得到的回答往往是"HR 像是学校中的教导主任""HR 像是运动场上的裁判员""HR 像是铁面无私的法官"等。

总之,在一些企业员工看来,HR 往往是严格执行企业制度的冷冰冰的"机器"。这些员工很怕 HR 找上自己,因为在他们看来 HR 找员工谈话的理由无外乎两种,一种是员工违反了企业的制度,另一种是这名员工需要被辞退。

而在阿里,员工对政委的印象则大为不同。在阿里人眼中,政委更像是"知心姐姐""小棉袄""人生导师",大家都喜欢和政委聊天、沟通,将自己在工作、生活中遇到的问题和困难向政委倾诉。

传统 HR 和阿里政委所得到的员工评价之所以有如此大的差异,原因在于两者的角色定位是截然不同的。

传统 HR 侧重于管理员工的"身",常常通过对员工行为的约束来让员工的举止符合企业的要求。同时,传统 HR 更偏重物质激励，喜欢通过如发奖金、发福利、涨工资、升职等外在的物质奖励来引导员工的正向行为。

阿里政委则侧重于对员工"心"的管理，通过引导、影响员工的思想来让员工发自内心地认同企业文化和价值观，进而达到规范员工行为的目的。除了对员工思想上的引导，阿里政委还会通过精神激励的形式激发员工的工作动力和热情。比如，阿里政委会根据员工的工作年限，为员工精心准备"一年香""三年醇""五年陈"的庆祝仪式，让员工感受到企业对他的认同，从而获得更强的归属感。

管"身"不如管"心"。批评、督促、惩罚等约束员工行为的手段很难从根本上解决问题，甚至会让员工产生逆反心理，失去工作的热情与动力。这种情况用现在的流行用语来形容就是"你永远无法叫醒一个装睡的人"。而传统 HR 使用外在的物质激励方式可能会一时提高员工的工作积极性，但是容易让员工产生"为了物质利益而努力"的想法，最后变得急功近利，甚至违背企业的价值观。

而阿里政委会根据阿里价值观潜移默化地影响员工的思想，通过精神激励引导员工的想法，让员工从内心深处认同阿里文化，最终由思想的转变外化为行为上的转变。相比较而言，这种方式不仅"治标"，还更加"治本"，能够将"企业要做的事情"变为"员工自己要做的事情"。

1.3.2 工作内容的不同

传统 HR 的主要工作内容是招聘、制度建设、绩效考核和职业化培养，具有很强的职能属性。有些企业会为 HR 划分出许多不同的职能模块，让每一位 HR 只负责单一的模块，比如有些 HR 只负责招聘，有些 HR 只负责制度建设，有些 HR 只负责绩效考核等。这种形式虽然简化了 HR 的工作，却容易造成组织运转受阻、各模块无法通力合作的问题。

反观阿里政委则更像是个"多面手",充分体现出阿里"既要、又要、还要"的工作要求。

阿里政委的工作内容主要为四个方面,即懂业务、推文化、促人才、提效能,从某种角度来看工作内容涵盖了组织运转的各个重要环节,阿里政委可以根据组织和业务的当前需求灵活安排、侧重某些工作内容。比如,组织需要扩大规模,政委就可以加大招聘、人才梯队建设、管理者培养等方面的工作力度,从而更好地支持、满足组织的发展需求。

1.3.3 主要产出的不同

传统HR的主要产出为满意度、敬业度和执行力,以规范员工行为为主要工作目标,围绕员工的行为表象开展工作,以员工的行为是否符合企业要求作为判断标准。阿里政委的主要产出则为忠诚度、幸福感和领导力,以提升员工个人价值为主要工作目标,围绕员工的内心展开工作,遵循"以人为本"的思想理念。

在阿里政委看来,员工个人价值的实现和个人能力的提升能够带动企业的发展和壮大。因此在工作过程中,阿里政委更加关注员工的内心感受,更加看重员工在工作中能否感到舒适和快乐,能否在阿里这个平台中获得成长和成功。

阿里政委是对传统HR的一次突破性转型,保留了传统HR在人力资源层面的作用和价值,摒弃了一些传统HR刻板、落后的问题,并结合企业的发展需求增加了对员工内心、思想的引导和影响,从而更加全面、灵活地保证了阿里人力资源管理的科学性和有效性,使阿里能够在组织层面得到良性的发展,让人力资源这一岗位从"操纵者"转变为"赋能者"。

1.4 为什么阿里如此钟情于政委体系

大家是否思考过这样一个问题：世界上的人力资源体系林林总总，为什么阿里却如此钟情于政委体系？

阿里政委体系在很大程度上是阿里独创的人力资源管理体系，其创立过程耗费了阿里很多的人力和财力。这种看似"费力不讨好"的行为，阿里却坚定不移地执行了下去，而不是像有些企业一样采取"拿来主义"，"讨巧"地套用一些外来的成熟的人力资源管理制度。

其实，阿里之所以贯彻、落实政委体系，是因为政委体系符合阿里的各项发展需求，也符合当今时代的发展。

海尔集团前董事局主席、首席执行官张瑞敏说："没有成功的企业，只有时代的企业。"对于企业来说，运用适应时代发展的制度和体系是保证企业长久发展的重要"法宝"，而对于阿里来说，阿里政委体系就是自己的"制胜秘诀"。

从宏观上看，阿里政委体系满足了阿里在发展过程中的三大需求——文化落地需求、业务发展需求和组织发展需求。这也正是阿里如此钟情于政委体系的根本原因。

1.4.1 文化落地需求

阿里十分重视企业文化和价值观在企业发展过程中所产生的重

要作用。马云曾说:"技术并非阿里的核心竞争力,企业的文化才是。"正是基于这种企业发展理念,阿里创立了独特的阿里文化,将企业价值观"刻"进每个阿里人的DNA中,成为每个阿里人坚守的"内核"。

但是,如果企业只有文化和价值观,却没有使其落地的制度和保障体系,那么这些文化和价值观只会成为贴在墙上的标语和口号。阿里政委体系就能够很好地满足文化落地的需求,而阿里政委的一大工作职责就是"推文化"。

阿里政委是阿里文化的"传承者"和"布道官"。他们会通过招聘、培训、团建、双轨制绩效考核等形式将阿里文化渗透到企业的每一个角落,让阿里人在同一套价值观体系中达成共识、通力合作,共同推动企业向前发展。

1.4.2 业务发展需求

阿里是一家长期处于高速发展的互联网企业。从行业特性的角度来看,阿里几乎每天都面临着许多业务发展方面的变化和挑战。

对于阿里来说,业务发展"大而杂"是摆在企业面前的一大难题。其实,现在很多企业都面临着同样的问题,市场机会多,工作内容多,但是人手却总是不够。怎样才能解决这样的问题呢?

有人说:"靠招聘。"有人说:"靠精简业务。"在我看来,这两种方法都治标不治本。招聘虽然能一时解决企业人手不够的燃眉之急,但是大量的新员工会带来培训和管理的双重压力,很容易导致出现"崩盘"的局面;精简业务则会让企业错失很多宝贵的发展机遇,进而减弱市场竞争力,陷入"慢人一步"的不利境地。

其实,企业要想抓住机会、完成工作、发展业务,需要的是加大对人力资源管理方面的投入,通过人力资源手段统筹这种"大而杂"的局面，最大化地发挥出员工的价值和效能。

阿里政委能够很好地调和业务发展与人力资源之间的矛盾。在阿里，阿里政委和业务搭档是"手心手背"的关系，甚至很多业务上的想法都是阿里政委总结、提炼出来的，比如"快速试错""快速迭代""小步快跑"等。

"懂业务"是阿里对政委的基本要求。在工作中，阿里政委不仅要能够"闻味道""摸温度"，感知业务的发展和走向，还要能够时常为团队"把脉"，调动业务团队的氛围，让员工保持高昂的士气。

阿里政委体系是阿里业务发展的有力支撑，统筹着业务、团队、组织之间的关系，让原本"大而杂"的业务情况变得富有逻辑和条理，帮助组织在业务发展的道路上"走"得更加平稳、顺利。

1.4.3 组织发展需求

如今，阿里的员工总数已经超过 25 万人，而支撑如此庞大的组织正常运转的"秘密武器"之一就是阿里政委体系。

随着企业业务的不断扩张，阿里的组织规模也急剧增长，这对于企业内部的管理无疑是一种严峻的考验。有些创业公司在早期发展阶段显得"顺风顺水"，但是往往都"栽"在了组织扩张这道"坎"上。

为了化解这样的难题，阿里首先加大了政委团队的规模。据调查显示，阿里的人力资源岗位是同类企业的 3~4 倍之多。对政委团队的扩张表明了阿里要解决人员膨胀问题的决心。

除了增加政委人数，阿里还赋予政委"促人才"的职能，通过政委来招聘新员工、培养管理者，使组织内部形成良性的人才梯队，从而缓解了内部管理压力，并为组织发展提供源源不断的动力。

马云曾在许多场合公开表示:"阿里要做102年的企业"。从最初的"十八罗汉"到现在的互联网"巨头",阿里已经走过了漫长而艰辛的道路,而未来,距离实现马云口中的愿景也还有很长的道路要走。在不断发展的过程中,阿里政委体系成为支撑阿里战胜困难和阻碍的重要一环。

阿里政委体系从文化落地、业务发展、组织发展三个方面满足了阿里的需求。它能够跟得上企业的发展,能够适应时代的变化,能够为企业的各个环节提供支持与帮助,而这或许正是阿里钟情政委体系的原因。

第 2 章
政委体系的架构设置

阿里政委体系有着怎样的组织架构？阿里政委的定位、角色、画像、职责又分别是什么？当企业清晰了解这些问题后，就能够更好地将阿里政委体系嫁接到自己的人力资源管理体系之中，从而找到适合自己的专属"利器"。

2.1 阿里政委的组织架构

在阿里获得成功之后,每年都会有许多企业高管到阿里参观、学习,想要将一些成功的经验和体系带回自己的企业。

我曾接触过一些这样的企业高管,我发现他们中有些人能够将收获的知识很好地融入自己的企业,但是也有一些人只学到了一些"皮毛"就急于求成,不仅没能将优秀的体系嫁接到自己的企业之中,反而还破坏了原本还算合理的管理模式,最后却将问题归结于阿里的经验"不靠谱"。

有一次,我和一个企业老总聊天,他对我说:"阿里的政委体系已经被人们'吹上天'了。我觉得政委体系并不好。我曾经尝试将政委体系运用到我的企业中,但是结果却一塌糊涂。"

听完他的话,我有些好奇,便问他当时是怎样借鉴阿里政委体系的。他答道:"政委就是负责文化宣传而已。当时,我在每个地方团队中都安排了一个政委专门负责宣传企业文化。后来我发现这样的岗位如同'鸡肋',不但企业文化推行不下去,还没有任何实质性的产出。"

当我问他如何进行政委体系的组织架构时,他诧异地反问道:"政委还需要有组织架构吗?"

这就是有些企业高层在移植阿里政委体系时会出现的问题——只看到了阿里政委的概念,却没有系统、全面地学习其中的架构和体系。

阿里政委是阿里人力资源管理中的重要力量，它不仅仅是一个岗位的名称，更是一个高效、完善、极具特色的**人力资源体系**。

所谓"阿里政委"，实际上是阿里派遣到各个业务线的人力资源管理者。阿里政委与业务经理成为搭档，一同负责团队的组织管理、业务推进、人才发展、文化建设等工作。

阿里政委体系有着完整、严谨的组织架构（见图2-1）。阿里政委体系最上层为CPO（首席人才官），下设HRVP（人力资源副总裁），HRVP下设大政委，大政委下设小政委。CPO与CEO（首席执行官）搭档；HRVP与事业部总经理搭档；大政委在事业部与事业部副总裁搭档，在地方区域与全国销售副总裁搭档；小政委在事业部配合多部门的工作，在地方区域与区域总监搭档。

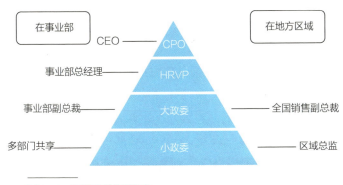

图2-1 阿里政委体系架构

不同层级的政委有着不同的工作职能和责任，不仅能够帮助业务搭档更好地建设团队，还能将阿里文化层层传递下去。在所有政委的通力配合下，阿里的人力资源管理便向着平稳、有序的方向发展。

2.1.1 首席人才官

首席人才官是阿里政委体系架构中处于"金字塔"顶端的职

位。首席人才官全面负责人力资源工作，负责制定、规划、监督和执行企业的人才战略，负责建立畅通的沟通渠道和有效的激励机制。首席人才官主要与企业 CEO 搭档，要与 CEO 一起共同推动组织的发展。

阿里的首席人才官不同于其他企业。大部分企业会把分管人才的高管任命为 CHO（Chief Human-Resource Officer），而阿里以组织和文化发展见长，所以将分管人才的高管用 CPO（Chief People Officer）命名。"H"与"O"虽然只差一个字母，却体现了阿里对组织和文化的重视。

阿里的首席人才官需要具备三个重要的能力：第一是**敢于与 CEO 平等对话**，第二是**与 CEO 磨合彼此对组织、文化和人才的看法**，第三是**帮助企业实现战略目标**。

1. 敢于与 CEO 平等对话

正所谓"**人无完人**"，企业 CEO 也是一样，总有自己擅长的领域和不擅长的领域。有些 CEO 的性格很粗犷，有些很细腻；有些对人的观察比较敏锐，有些在人际交往方面"粗枝大叶"，这些都是十分正常的现象。作为 CEO 的重要搭档，首席人才官要能够和 CEO 优势互补、彼此取长补短，从而共同推动企业的发展。

因此，首席人才官要在 CEO 犯错误的时候运用自己的智慧去提醒对方。要做到这一点，首席人才官首先要有足够的胆量和勇气，能够以平等的姿态与 CEO 对话、沟通，弥补他的短板和不足，从而让组织能够朝着更好的方向发展。

首席人才官敢于与 CEO 平等对话是开展其他工作的重要基础。如果首席人才官因为畏惧 CEO 的权力而隐瞒对方的问题和错误，那么不仅无法履行自己应尽的职责和义务，而且也会让组织蒙受损失。

2. 与 CEO 磨合彼此对组织、文化和人才的看法

首席人才官与 CEO 常常会产生意见上的"交锋",会对组织、文化和人才方面存在不同的看法,这时首席人才官要与 CEO 进行主动沟通,磨合彼此之间的不同意见,最终达成共识,让企业沿着统一的方向不断发展。

阿里创始人之一的彭蕾可以说是许多 HR 的标杆和偶像。她曾长期担任阿里集团首席人才官的职务,在十几年前是马云的重要搭档。甚至有人认为,阿里的组织、文化、人才方面的成功,要归功于彭蕾。那么她是如何与马云磨合彼此的看法的呢?

在一次会议上,马云提出要在年会上设立一个高达 30 万元的奖金,这样数额的奖励在 2005 年算是"超级大奖"。作为首席人才官的彭蕾一开始并不赞成设置数额如此大的奖金,于是选择回避讨论这一问题。

彭蕾回避这一问题很多次,马云终于忍无可忍,对她说:"我觉得你没有认真去思考这个事情。"彭蕾见无法再回避问题,于是开始询问马云想要设置这样一个奖励的想法是什么,背后的意图是什么,并且表达了自己的担忧和顾虑。在马云和彭蕾针对这一问题彼此交换意见和看法的过程中,两人不断达成共识,并最终找到了更好的解决方案。

首席人才官与 CEO 出现意见上的分歧不可怕,可怕的是双方都回避分歧,最终导致问题被搁置,战略和规划无法得到推动和执行。因此,在出现不同意见时,首席人才官要努力与 CEO 达成共识,要促进双方多站在对方的角度上看问题、想问题,这样能够更加全面、客观地解决问题,让企业更加平稳地向前发展。

3. 帮助企业实现战略目标

首席人才官主要统领人力资源方面的工作，而进行这些工作的最终目的是帮助企业实现战略目标，获得业务发展。

业务与人才是密不可分的"**一体两面**"，企业要想获得业务上的成功，就需要加大人才战略方面的投入，而实施人才战略的目的也是帮助业务更好地发展。首席人才官搭建沟通反馈机制、降低人才流失率、建立人才储备梯队、制定人才战略规划等，都要围绕业务战略进行，否则容易出现"捡了芝麻，丢了西瓜"的情况。

2.1.2 HRVP

在阿里，HRVP主要在事业部工作，与事业部总经理组成搭档，并直接向首席人才官汇报工作。

HRVP一方面要支持事业部总经理开展业务工作，另一方面要垂直管理下属的各个大政委，了解每个团队的具体情况，串联起事业部和地方区域的人力资源工作，使组织的各个部分能够在"横向"上有机地结合到一起。

HRVP还肩负着重要的**上传下达**的职责，需要将首席人才官的人才战略部署传达给各个大政委，再将不同部门、不同团队、不同区域的人力资源情况反馈给首席人才官，从而在"纵向"上打通组织"壁垒"，为企业构建起信息传递的有效通道。

2.1.3 大政委

在阿里，一般来说一个大事业部下面会有约5个大政委，每个大政委会带领7~10个小政委。在事业部中，大政委主要和事业部副总裁搭档；在地方区域中，大政委主要和全国销售副总裁搭档。

大政委就像交响乐团的指挥家，为组织中的所有小政委提供指示，根据"曲目"的要求调动不同小政委做不同的事情。大政委需要通过自己的经验和智慧，根据不同部门、不同团队的特性来"排兵布阵"，从而实现业务战略、人才战略的达成。

1. 业务方面

在业务方面，大政委会参与业务会议，与业务搭档共同讨论如何实现业务目标、制定达成策略。大政委可以与业务搭档形成思维逻辑上的互补，业务搭档负责从事情的角度思考业务问题，而大政委则从人的角度思考如何推动业务发展。

我在阿里担任过很长一段时间的大政委，在与业务搭档进行业务配合方面让我印象最深的就是"双十一"购物节大战。

"双十一"购物节大战是阿里每年的重头戏。在大战开始前，各个部门的业务 Leader（业务管理者）会重点思考要设定多少业绩目标、使用怎样的促销策略、投入多大的组织资源等，而大政委则会思考如何激发员工的"战斗"热情、如何让团队形成凝聚力、如何让团队在大战中"打出精神，打出军魂"等。

大政委和业务搭档的紧密配合可以帮助团队在多个维度中得到发展，从而达到**"两手都要抓，两手都要硬"**的效果。

2. 组织和人方面

组织和人是大政委需要重点关注的方面，也是考验大政委视野与洞察能力的**"试金石"**。

我刚刚当上大政委的时候，感受到的最大压力便来自组织和人方面。

那时，我有着带领销售大区持续蝉联全国第一的傲人成绩，自认为有着出色的组织管理经验。但是当我面对全国大区而非一个大区的销售团队时,曾经积累的经验仿佛一下子失去了作用。

在带领一线销售团队时,我所面对的是更贴近员工真实情况的工作场景,而担任大政委时,我要透过抽象的业务数据和大区总经理汇报的业务情况看到整个全国市场在组织和人方面的问题,并且制定出合理、有效的策略和方法。这就像是一个人在隔着一层窗户纸向屋中张望,要想看清屋子中的景象,就要想办法将这层窗户纸捅破。

对于大政委来说,能够捅破这层"**窗户纸**"的利器就是自己对业务情况的敏感度和洞察力。

大政委需要根据当前的业务情况,梳理组织架构、制定招聘需求、分析人员流动和员工效能、做好干部培养等工作,通过对组织和人的关注来帮助企业打下良好的发展基础。

3. 文化方面

在文化方面,大政委需要做好文化"**高压线**"的宣导,让组织成员明白哪些事情不可以做,一旦触碰了这些"天条"会受到怎样严厉的处罚。阿里人讲究"**丑话当前**"的原则,因此大政委在日常工作中会反复强调企业的价值观准则,从而让员工能够主动约束自己的行为,让企业文化得到更好的贯彻和落实。

同时,大政委还要用故事来传播企业文化,将员工的"英雄"事迹整理成让人印象深刻的故事,以一种更容易令员工接受的方式将企业倡导的价值观传播到组织的各个角落。

2.1.4 小政委

在阿里工作的时候,我曾问一个在政委岗位上奋战多年的同事:"你最享受哪一阶段的工作?"

对方的回答有些出乎我的意料,他说:"我最怀念的是当小政委的那段时间。"

原来,在他刚刚成为政委的时候,也抱有这样的想法——希望早日摆脱看似不起眼的小政委角色。但是,随着职级越来越高,他反而怀念起自己还是小政委的那些日子。因为在他看来,小政委这一职位非常锻炼人的能力,也能够让自己更加贴近充满激情与活力的员工,更好地感受团队的氛围与"味道",这些"接地气"的能量是他在成为大政委之后较难感受到的。

小政委这一角色看似不起眼,实际有着重要的价值与意义,是政委修炼自身能力、积累工作经验的"前线战场"。

小政委直接面对许多一线的工作,需要和一线团队进行紧密配合。在事业部,小政委可能会负责多个小部门的人力资源工作;而在地方区域,小政委则会搭档区域总监,直接参与团队管理工作。

有些企业会按照招聘、培训、考核、员工关系等模块为 HR 划分职责,每个 HR 只负责一到两个模块的工作内容。而阿里的小政委则会全面负责一线团队中的人力资源工作,从而更加全面、灵活地掌握团队情况、调整工作策略。

小政委的具体工作内容为招聘、薪酬福利、员工培训、绩效管理、干部梯队建设、异动管理、员工关系管理等。这些工作看似复杂琐碎,但都关系到一线团队能否良好地运转和发展,因此需要小政委亲力亲为,做好每一项关于"人"的工作。

阿里政委不仅仅是人力资源岗位的称呼,更是一个**严谨、立体**的人力资源管理体系。在阿里,上至首席人才官下至小政委,他们的工作内容可能不同,但是都发挥着重要的价值和作用,担负着重要的使命与责任,每个层级的政委都不可或缺。因此,企业如果想嫁接阿里政委体系,就要从各个方面入手,打造出一套适合自己的人力资源管理体系,让组织形成**全面贯通**的前进力量。

2.2 阿里政委的两大定位

阿里政委的定位是什么？这是一些刚刚接触阿里政委体系的人想要了解的问题。

实际上，阿里建立政委体系的初衷是想让人力资源岗位上的员工能够更加深入业务，更加贴近管理者，从而真正成为**"业务的伙伴""组织的伙伴"**，让企业的战略、文化、制度等得到落实和贯彻。

关于阿里政委的定位，有一种形象的说法：**上得厅堂，下得厨房**。阿里政委在组织中扮演的角色很像是家庭中贤惠的"妻子"，不仅能够将"家务"打理得井井有条，还能在大小事务的决策中起到关键的作用。

一些阿里的业务 Leader 喜欢开玩笑地称呼自己团队中的政委为"贤内助"。在我看来，"贤内助"的称呼是对阿里政委的一种称赞，如果一个团队能够拥有一个"贤内助"，那么这个团队的战斗力往往能提高一个"档次"。

那么，阿里政委是如何"上得厅堂，下得厨房"的呢？

2.2.1 上得厅堂：具备诊断和决策的能力

"上得厅堂"指的是阿里政委要具备**组织诊断的能力**，并能够根据诊断结果做出相应的**战略决策**。

政委需要具备组织诊断的能力，要能够根据一些表层现象发现隐藏在组织内部的真正问题。比如，政委要找到造成团队氛围不好的原因，要了解员工的某些行为背后代表着什么，要清楚哪些激励制度可以帮助企业文化落地等。政委对组织进行诊断，可以帮助自己看清全局、挖掘问题，从而更好地调整工作策略和方法。

在组织诊断结束后，政委还要能够根据诊断结果做出合理、有效的决策。在阿里，政委实际上是一个部门或团队的"**二把手**"，在组织、文化、人才方面具有一定的决策权，属于管理层级的职位。

阿里这样做，一方面可以让政委更加深入业务，让人力资源管理与业务发展高度融合，另一方面也可以避免政委成为业务部门的"附属"。但是，这也为政委带来了更大的责任、压力和挑战，需要政委能够站在更高的维度来俯瞰全局，在文化、组织、人才方面做出匹配当前业务情况的合理决策，从而做到"上得厅堂"。

2.2.2　下得厨房：跟随、陪伴、关怀

阿里政委不仅是"站在高处"的管理者和决策者，还是能够"俯下身来"体察员工的"**知心姐姐**"。阿里政委能够"**下得厨房**"，为员工提供工作、生活上的支持与帮助。

阿里政委常常要面对许多"人"的问题，处理各种复杂的人际关系，想办法激发员工的工作动力与热情。在阿里政委看来，**跟随、陪伴和关怀**是解决"人"的问题的重要方法。

阿里有句"土话"：**一群有情有义的人，在一起做一件有价值、有意义的事。**

阿里政委的重要职责就是让员工感受到工作的价值与意义，感受到企业对其的关注与关怀。因此，阿里政委会像陪伴朋友一样关

心每一个员工,倾听他们的困惑与烦恼,让他们感受到支持与温暖,并在这种跟随、陪伴、关怀的氛围中获得认同感和归属感,发自内心地为企业贡献自己的力量与价值。

"上得厅堂,下得厨房"是阿里政委的两大定位。在组织层面上,阿里政委要能够做诊断,可以下决策;在人的层面上,阿里政委要通过跟随、陪伴和关怀获得员工的信任,让团队迸发出积极向上的能量与热情。

2.3 阿里政委需要担任哪些角色

在阿里，政委扮演着怎样的角色？他们是企业文化的**"形象大使"**，还是业务部门的**"代言人"**？在我看来，阿里政委是这两者的结合。

从某种程度上看，阿里政委有着**"雌雄一体"**的特点，在团队中**"既当爹又当妈"**。这一点从阿里对政委的要求上就可以体现出来。

阿里要求政委不仅确保企业的文化、战略、制度、政策在组织的各个层级得到推行和贯彻，还要满足业务部门的需求，解决业务上的各种难题，通过人才招聘、员工培养、绩效考核、团队建设等工作辅助业务的发展。

因此，政委既要管文化，又要管业务；既要学会如何与员工"打成一片"，又要懂得如何与业务搭档合作。面对这么多的工作和职责，如果阿里政委不能清晰地理解自己具体需要担任哪些角色，就很容易陷入迷茫与混乱之中。

在阿里政委体系建立后，阿里确立了政委的四个角色定位：关于"人"的问题的合作伙伴，人力资源的开发者和增值者，企业与员工之间的重要桥梁，企业文化的倡导者、贯彻者和诠释者（见图2-2）。这四个角色定位很好地为阿里政委指明了工作的方向及重点。

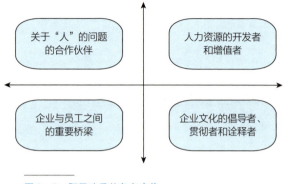

图 2-2 阿里政委的角色定位

2.3.1 关于"人"的问题的合作伙伴

阿里政委和业务搭档是一对组合,阿里政委会从人力资源的视角推动业务工作的开展。在团队中,业务搭档往往负责解决事情层面的问题,而阿里政委则重点解决关于"人"的问题。

在业务工作中,"人"和"事"就像是拔河时左右两边不断对抗的两股力量,如果一边的力量突然消失,另一边就会因为用力过猛而失去平衡。在配合业务搭档进行工作时,政委就要站在"人"的角度来平衡力量,避免团队因失衡而陷入困难的境地。

要想成为关于"人"的问题的合作伙伴,阿里政委需要深入地了解业务的方方面面,根据业务的需求确定人力资源管理的方向和策略。

除了从"人"的层面解决业务问题,阿里政委的"合作伙伴"角色还有另一层含义,那就是业务部门的专业顾问。业务搭档一般出身于基层业务人员,对人力资源管理缺乏专业的知识。阿里政委则可以在薪酬设置、绩效考核、员工关系等人力资源领域为业务搭档提供专业的建议和咨询服务,双方取长补短,共同制定出提升组织效能、达成业务目标的工作策略和方案。

2.3.2 人力资源的开发者和增值者

在实际工作中，培训员工、培养管理者、为组织建立人才梯队是阿里政委的重要职责；而如何为企业开发人才并为人才增值赋能，也是阿里政委需要重点思考的问题。

作为人力资源的开发者和增值者，阿里政委需要负责员工的培养和成长，以绩效考核的方式激发员工的潜能，为人才打造公平公正的发展上升通道，通过任命、激励、培养等形式为组织建立"基底"深厚的管理人才梯队。

2.3.3 企业与员工之间的重要桥梁

阿里政委是企业与员工之间的重要桥梁，能够提升员工对企业的信任感，加强团队的凝聚力。

阿里之所以让政委深入到一线团队之中，在很大程度上就是为了加强企业和员工之间的联系。阿里政委能够让企业的文化、政策、制度传达到员工之中，再将员工的情况反馈给企业，从而达到**"上传下达"**的效果。

在工作过程中，政委需要认真挖掘员工的需求，解答他们的疑问，帮助他们克服困难，引导他们的思想和价值观，从全方位、以多角度地了解他们的各种情况，并代表企业给予他们足够的支持与帮助。

在实际操作中，**"搭场子"**是政委搭建企业与员工之间桥梁的有效方法。

什么是"搭场子"？

大家可以将其理解为给员工搭建展示自我的"舞台"和提供沟

通的渠道。"搭场子"的形式有多种多样,而我喜欢使用**"裸心会"**的形式为员工"搭场子"。

比如,有一次,我发现团队中的一名员工总是闷闷不乐,无论是我还是其他同事和他说话时,他都显得心不在焉,只是用简单的几句话来应付我们的"关切"。当他的这种负面状态有在团队中蔓延的"苗头"时,我紧急安排了一场团建活动,带着团队中的所有员工一起去玩"狼人杀"游戏,想借机了解这名员工的真实想法。

"狼人杀"是一个需要所有人都发言的游戏。于是,这名员工将注意力放在了游戏上,脸上开始有了笑容,话也变得多了起来。我明白,"裸心会"前期的"破冰"工作已经完成。

游戏结束后,我们将团建"阵地"转移到一家烧烤店。在吃饭的过程中,我向大家提议开一个"裸心会",将自己最近遇到的不满和顺心的事都毫无保留地"吐槽"一下。在我的号召下,大家你一言,我一语地开始大倒"苦水"。终于轮到那名原本闷闷不乐的员工发言了,他说:"我最近觉得十分迷茫,自己的业绩迟迟无法提升,总是在团队中'吊车尾'。其实我并不喜欢销售工作,而是想要做运营工作,只是当初面试时,我因为紧张,没有说清楚自己的意愿,阴差阳错地干上了销售。"

听了这名员工的话,我和业务 Leader 都有些惊讶,原来是一场误会影响了员工的状态与情绪。于是,我便和业务 Leader 商量,决定为这名员工换岗,让他去做自己喜欢且擅长的运营工作。最后,这名员工在新的工作岗位上发光发热,还干出了一片自己的天地。

在这次事件中,我通过"裸心会"的形式为员工"搭场子",给对方提供了一个能够表达内心想法和自我诉求的场景,从而在根本上解决了问题。由此可见,政委需要找到企业与员工的连接点,让彼此之间的信息得到有效的传递。

政委要想做好企业与员工之间的重要桥梁，还需要培养自己**"闻味道"**的能力，能够根据员工的行为和团队中的种种细节发现问题，感知"味道"，并作出相应的调整，从而让员工和团队时刻保持一种积极向上的状态和氛围。

2.3.4 企业文化的倡导者、贯彻者和诠释者

阿里政委体系在创立之初，就是为了让阿里文化在一线业务团队中得到**倡导、贯彻和诠释**。

随着企业规模的扩大，企业文化和价值观往往会面临被稀释的风险。为了避免这样的问题出现，企业需要找到合理、有效的制度或方法。而阿里所找到的方法就是改革人力资源部门和岗位，设立政委职务，让政委到一线业务团队中传递企业文化，引导、监督员工的价值观践行，并解答员工对企业文化的疑问，最终使企业文化得到真正落地。

以上四个角色决定了阿里政委所肩负的责任和使命。一个优秀的政委要牢记自己的角色，同时从这些角色出发开展工作，让每一项工作都具有明确的目的和意义，从而达到提升工作效率和价值的效果。

2.4 阿里政委的人才画像

我有很长一段时间都存在这样一个困惑——**什么样的人适合当阿里政委？**

其实，在阿里政委体系刚刚推行的阶段，很多人都像我一样产生了这样的疑问，而产生这一疑问的原因在于，当时阿里并没有制定出具体的阿里政委人才画像。

在体系建立初期，有大量 HR 和销售人员摇身一变成为阿里政委。这些被"赶鸭子上架"的阿里人并非人人都适合政委这一新角色。有的人负能量"爆棚"，令团队整天死气沉沉；有的人与人交往、沟通的能力不佳，常常和团队中的人产生矛盾；还有的人性格过于软弱，业务搭档说什么便听什么……

很快阿里的高层便意识到——阿里政委不是谁都可以胜任的，一个不合适的政委常常会成为一个团队的"灾难"。当企业出现越来越多"水土不服"的政委后，"什么样的人才适合成为政委"这一迫在眉睫的问题便摆在了阿里面前。

于是，为了更好地建设政委队伍，阿里为政委岗位设定了 5 个人才画像，分别为**时刻展现正能量、保持童真和好奇心、成为员工的"小棉袄"、为组织指引方向和保持协作对抗的精神**（见图 2-3）。

图2-3 阿里政委的人才画像

2.4.1 时刻展现正能量

阿里政委的作用是稳定团队的**"军心"**。试想，如果一个政委充满负能量，那么他是否能够让团队的其他成员保持昂扬的斗志？我想，问题的答案是否定的。

阿里政委要时刻展现正能量，要用自身的热情影响其他员工，从而为团队传递正面形象，让员工时刻保持积极向上的状态。

2.4.2 保持童真和好奇心

随着越来越多的年轻人成为企业的中流砥柱，阿里政委也要跟上时代的发展，迎合年轻员工的思维。因此，阿里政委需要保持**童真和好奇心**，能够关注新鲜的事物和热点话题，有能力将一些看似无趣的工作变得有趣。

阿里有一条价值观叫"拥抱变化"，这条价值观也决定了阿里政委需要时刻保持童真和好奇心，时刻做好学习和吸收新知识、适应新环境的准备，以积极的心态、宽广的胸襟包容新鲜事物，在不断拥抱变化的过程中获得提升与成长。

2.4.3 成为员工的"小棉袄"

阿里政委要在员工的心中形成温暖、亲切的形象，要像**"小棉袄"**一样给予员工足够的关怀和帮助。

阿里政委要能够感知员工的**"冷暖"**，倾听他们内心的声音，帮助他们摆脱负面的情绪，在他们身边扮演好友和家人的角色，时刻为员工提供有效的帮助，从而温暖他们的内心，赢得他们的信任。

2.4.4 为组织指引方向

阿里政委要具备时刻保持清醒的能力，要能够为组织指引前进的方向。阿里政委很像是不让船只偏航的**舵手**。在团队或员工出现问题的时候，政委要能够及时指出这些问题，并进行适当的引导和纠正。

比如，当团队出现过于注重业绩结果而不顾及企业价值观的情况时，政委要及时"掌舵"，调整团队前进的方向，守住企业的价值观底线，让团队重新回归到业务与价值观并重的"航道"之上。

阿里政委需要能够梳理出组织的业务战略，并清晰、明确地为团队成员指出之后要朝着哪个方向前行，在达成目标的过程中需要具备哪些能力、获得哪些资源和支持等。一个头脑清醒的阿里政委往往能够带领组织走出迷茫和困境，不断向着更好的方向快速发展。

2.4.5 保持协作对抗的精神

阿里政委需要具备**协作对抗**的精神，敢于挑战业务搭档的权威,指出对方的问题、缺点和不足,从而做到"查漏补缺",尽可能地让团队得到更好的发展。

政委是团队的"二把手",主要负责协助、支持业务搭档的工作,但是这并不意味着政委凡事都要听从业务搭档的指挥和安排,成为"乖乖听话的小绵羊"。阿里政委体系的一个作用就是监督、制衡业务搭档的权力。所以,阿里政委要在业务搭档出现问题的时候及时进行提醒和纠正,防止业务搭档的行为给组织带来损失。

阿里政委要时刻保持协作对抗的精神,用怀疑的眼光审视业务搭档做出的每个决定,以更为全面、广阔的视角来判断决定的合理性,保障最终确定的方案能够处于正确的方向。

在确定政委人才画像的同时,阿里也推出了政委的选、用、育、留方法(见图2-4),进一步完善了阿里政委体系,为每一个阿里政委的发展提供了具体的指导和方向。

图2-4 阿里政委的选、用、育、留方法

根据政委的人才画像，企业可以准确地寻找并培养出合格的政委来帮助组织发展。同时，政委的人才画像也是指引政委前进的重要方向和标准，能够帮助政委清晰理解自己的责任与使命，最终获得长足的进步与成长。

2.5　阿里政委的四大职责

我在为一些企业做培训的过程中发现有这样一类 HR，他们有着较强的专业知识，不弱的工作能力，但是在日常工作中经常"捡了芝麻，丢了西瓜"，做事情杂乱无章，难以获得良好的工作效果。

我曾问一个 HR 这样的问题："你能否说出自己做每项工作的目的和意义是什么？"

那个 HR 茫然地答道："不能，但是有必要这样较真吗？"

可能在有些人看来，弄清楚每项工作背后的目的和意义是一种"较真"的行为。但是在我看来，这个"真"不仅要"较"，还要时时刻刻地"较"。在阿里，政委的每项工作背后都承载着重要的目的和意义，如果政委不从目的出发工作，就会像"没头的苍蝇"一样"乱撞"，不仅无法获得工作成果，还会扰乱组织秩序。

无论是招聘、绩效考核，还是人才盘点、文化建设，政委所做的每项工作都是为了履行职责而进行的。或者大家可以这样理解——**"先有阿里政委的职责，再有阿里政委的工作"**。由此可见，阿里政委认知并理解其职责有利于让自己的工作变得**"有的放矢"**。

阿里政委有四大职责：懂业务、促人才、推文化、提效能（见图 2-5）。这四大职责像一张**"全景图"**，可以为政委指明工作的方向，提供工作方法和策略上的支持，帮助政委更加科学、有效地收获工作成果。

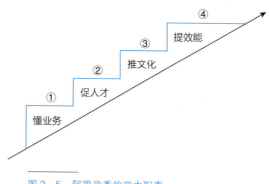

图 2-5 阿里政委的四大职责

2.5.1 懂业务：不懂业务做不了好政委

懂业务是阿里对政委的核心能力要求。"不懂业务做不了好政委"也是阿里政委之间的基本共识。

直接"插手"业务层面的工作是阿里政委的特色，也是阿里政委与传统 HR 的一大区别。传统 HR 大多是与具体的业务工作"割裂"开来的，甚至不了解组织当前的业务发展进行到哪个阶段；而阿里政委则不同，会和业务搭档一起讨论下一阶段的业务战略、制定达成业务目标的具体方法，甚至常常会左右组织的业务发展方向。

为什么会存在这样的不同？原因在于阿里将业务发展和人力资源工作视为不可分割的**"一体"**，认为人力资源管理是业务发展中的重要一环。

政委要明白，人力资源管理的根本目的是让企业和组织得到更好的发展，而发展的实际表现又在于企业业务层面的增长。因此，政委懂业务便成为开展工作的重要基础。

那么，政委如何懂业务？

政委懂业务不是简单地了解业务内容、业务语言和业务逻辑，而是要懂客户，具有正确的**客户视角**，能够站在客户的角度看问题。政委要想培养自己的客户视角，就要深入一线业务团队，时刻学习业务知识，参加业务会议，甚至可以跟随业务人员考察市场，面对面地了解客户，通过客户的"眼睛"看待问题。

政委要尽可能做到**"切换到客户看我们的视角"**，这样对于业务的理解就会上升到一个新的高度。

2.5.2　促人才：一切要从人的角度出发

企业的战略制定、文化落地、业务发展等工作最终会落实到"人"的层面上，因此**促人才便成为阿里政委的重要工作职责**。

"一切要从人的角度出发" 是政委进行促人才工作的核心理念，而促人才的具体工作内容包括人才盘点、招聘面试、员工培养等，总结而言分为人才的**选、用、育、留、汰**五个层面，而做好这五个层面也是政委促人才的基础。

在这五个层面之中，政委要特别重视"选"的重要性。无论是企业还是团队，都要具备属于自己的**"味道"**，需要根据当前的战略规划配备相应的人才。所以，政委需要在招聘方面加大力度，**让"招人"成为"一切战略的开始"**。

在促人才的过程中，政委还要了解团队人才现状、盘点人才结构，从而制定出清晰的人才战略，优化组织架构，重新分配组织资源，运用考核和奖惩的手段提升人效，明确人才梯队建设的要求，通过专业的培训帮助员工成长，促进管理者领导力的提升。

2.5.3　推文化：不让企业文化沦为口号

从某种角度上看，阿里政委就是在文化落地的过程中诞生的，因此推文化便成为印刻在阿里政委**"基因"**中的重要职责。

但是在很多企业中，打造、推广企业文化也是 HR 的重要工作内容，那么阿里政委的"推文化"又有什么不同呢？

阿里政委在推文化的过程中会紧密围绕企业的**业务需求**，从实际情况出发来制定切实可行的文化落地制度和方法。

我在接触一些 HR 时，发现他们总是存在无法让企业文化深入人心的苦恼。其实，造成这一问题的原因在于，HR 推文化的过程中脱离了业务的"土壤"，变成了企业文化的"自嗨"。

有些 HR 常常带着员工喊口号、做活动、搞团建，看似形式多种多样，但是与业务毫无关联。当员工不知道参加这些文化活动的价值与意义时，就会产生敷衍、应付的情绪，企业文化也会沦为形式和口号。

在推文化的过程中，阿里政委会将文化与业务进行**绑定**，让文化落地以业务发展为目的，在业务工作中不断提炼、打造企业文化。

比如，阿里有着浓重的"战斗文化"，每一个业务项目都像是一场"战役"。阿里政委会在这些战役中通过**一颗心、一张图、一场仗**的形式推动企业文化发展，配合业务部门提升员工士气和增强团队凝聚力，让企业的文化和价值观深入到员工的心中。

我在为企业提供管理咨询服务的时候，还发现这样一种情况：企业寄希望于通过一次团建、一场年会、一个活动来迅速推广企业文化，让员工更好地认同企业价值观。抱有这种想法的企业最终得到的结果往往是"劳民伤财"却不见效果。

政委要明白，推文化是一个**长期、持续**的过程，难以依靠单点"引爆"某一个事件、活动就能获得想要的结果，因此即便是文化活动也要持续开展，而且活动要展现出企业文化的价值与意义。

企业文化是在长久的发展过程中从组织内部生长出来的，不是政委或高管"拍一拍脑袋"提出来的。因此,政委要对文化具备深刻的理解,通过和业务部门的不断接触、磨合,找到让双方产生信任的方法,从而更好地向员工传递企业文化,让组织形成真正的力量。

2.5.4 提效能:打造高绩效的组织环境

阿里政委的最后一个职责是**提效能**。阿里政委会通过组织、文化、沟通、氛围、考核等方面提高组织效能,为团队打造高绩效的组织环境。

政委要明白,影响团队效能的因素有多种多样,因此在工作中,政委要根据团队的情况及时调整团队氛围,设计相应的奖惩制度,打造独特的团队文化,从而让团队时刻保持高昂的斗志和强有力的凝聚力。

在团队氛围低迷的时候,政委可以通过团建的形式鼓舞士气、激励人心。在业务战略、制度政策难以落地的时候,政委要充当管理者和员工之间的"**传声筒**",让组织成员能够坦诚相待、敞开心扉,减少沟通交流时的障碍,从而使上级的想法和意愿更好地传递给员工,让战略和制度得到更好的落实。

懂业务、促人才、推文化、提效能是政委的四大职责,也如同指引政委前进方向的"**灯塔**"。政委的工作看似繁杂琐碎,但都是围绕这四大职责进行的。因此政委要将这四大职责时刻铭记于心,从而更有逻辑、更为顺畅地开展工作,有的放矢地为组织、团队和员工带来快速的成长。

第 3 章

懂业务:政委如何为业务赋能

懂业务是阿里政委区别于传统 HR 的一个很大的不同。阿里政委为什么要懂业务也是不少人的疑惑。在阿里,懂业务是政委的"必修课",每一个政委都要懂业务的三个层次,掌握与业务相处之道的"四段论",以及做到真正"帮业务",这样才能算是合格的政委。

3.1 政委为什么要懂业务

我在阿里担任大政委期间,曾招聘过一个小政委。她之前是"世界500强"企业的HRBP(人力资源业务合作伙伴),对招聘和绩效设置比较专业,但对"人"这一层面的关注较少。不过,我看她的学习能力很强,亲和力和耐心都不错,为人也比较简单且很有爱心,所以我对培养她成为优秀的政委很有信心。

刚开始,她每天埋头于招聘、团建、统计考勤、计算绩效考核分数等琐碎的工作中,偶尔会和员工谈谈心,增加一下彼此之间的信任感。哪里出现了人与人的矛盾和摩擦,她也会在第一时间赶到现场去缓和剑拔弩张的气氛。

她自认为工作做得不错,至少与她上一个工作相比,在"人"这一层面,她投入了很大的精力。但是,正当她沾沾自喜的时候,我给她"泼了点冷水"。

我问她:

"当前我们产品的优势是什么,劣势是什么?"

"当前业务最大的痛点是什么?"

"你每个月参加几次业务会议?"

"员工A的业务优势是什么,不足是什么?"

……

面对这些问题,她支支吾吾,一个问题都无法准确地回答出来。

看到她手足无措的样子，我说："如果你不懂业务，就无法成为一个合格的政委。但是我仍然对你充满信心，因为我看到你来到阿里后，学习能力很强，进步很快，对'人'这一层面的关注也越来越多。希望你之后能在业务层面多下功夫，成为一个'懂业务'的政委。"

那次绩效面谈结束后，我经常看到她参与业务会议，对待业务问题也更有自信了。

"政委为什么要懂业务？"我想，这一问题曾出现在许多刚刚当上阿里政委的人的脑海中。

在一些人的印象中，人力资源部门与业务部门很少存在交集，甚至会有一定的工作壁垒。在有些企业中，HR很少插手业务工作，就算是进行招聘、培训和绩效考核，也完全按照业务部门提交的具体要求进行，不会做过多的沟通，更不去主动了解业务。

但是，不懂业务的HR真的能做好工作吗？

以招聘为例，在不懂业务的情况下，HR无论是在筛选简历还是在面试提问时，都无法做到"心中有数"，既不明白到底要招什么样的人，又不懂为什么要招这样的人。最后，HR招来不合适的人，一方面会对企业造成损失，另一方面也会承受业务部门的责怪。这也是为什么一些企业的人力资源部门和业务部门常常出现"扯皮""甩锅"的情况。

随着经验的积累，我越来越觉得人力资源管理与业务有着密不可分的关系，而对业务的理解程度也决定了一个政委的能力上限。

政委需要懂业务的原因有三个方面——业务、战略、自身。大家如果能够深刻地理解这三个方面的原因，就能够明白政委为什么要懂业务。

3.1.1 业务原因：辅助业务部门建设好团队

华为公司总裁任正非曾说过这样一段话："下一步人力资源的改革，欢迎懂业务的人员上来。因为人力资源如果不懂业务，就不会识别哪些是优秀的干部，也不会判断谁好谁坏，就只会通过增加流程节点来追求完美。我们现在录用一个员工，就像选一个内衣模特一样挑，可结果是不会打仗。我们要的是战士，而不是完美的苍蝇。"

任正非的这段话"话糙理不糙"，一个不懂业务的 HR 无论是在招聘员工还是在人才梯队建设方面都难以切中业务部门的"痛点"，任用的员工往往**中看不中用**，"纸上谈兵"很厉害，一到实战却经不起考验。

业务流程是什么，产品特点是什么，实际工作中可能遇到的问题和困难又是什么，HR 如果不弄懂这些问题，就容易推举、任用一些"花瓶"员工。

在阿里，"人"被看作最宝贵的财富，而那些有着良好工作经验和实战能力的人才更被阿里视为珍宝，而寻找、培养、任用这些人才的重任就落到了政委的肩上。因此从业务层面来看，政委懂业务能够更好地**辅助业务部门建设好团队**，而有了良好的人才和团队，业务工作就能更加顺利地推进、开展。

我在管理现在的企业时，对人力资源部门的员工最常说的一句话就是：**"懂业务才能懂用人，懂用人才能成为一个合格的政委。"** 在我看来，政委对业务的理解是建团队、促人才的基础。

我曾将懂业务作为考核政委的重要指标，政委每周参加了多少次业务会议、对业务流程了解到什么程度、对员工业务能力的掌握情况等都直接与政委的薪资、晋升、奖金"挂钩"。

在我的要求和反复强调下，企业的政委能够自行设定业务人员的招聘标准，辅助业务搭档搭建组织架构，甄选适合培养成管理者的员工。最终，这些"硬性指标"使政委在推动业务部门发展方面起到了关键作用。

大家要知道，业务搭档和政委看问题的角度是不同的。业务搭档往往更关注业绩、战略、产品、销售方法等，有时会无暇关注"人"的问题。而政委就能很好地弥补业务搭档的这一问题。政委能够从业务的角度进行切入，关注员工的能力提升、个人成长、心理状态，调节团队的人员架构和整体氛围，从而帮助业务部门获得持久的效益和长期的发展。

3.1.2 战略原因：让业务由"实"到"虚"

我在和许多业务人员接触的过程中，发现他们都有这样的想法——业绩和KPI（关键绩效指标）就像是悬在头上的一块巨石，压得人透不过气。员工如果为了业绩目标而工作，为了KPI而工作，不仅会失去工作热情和动力，还会产生焦虑、急躁、失落等负面情绪，不仅容易在工作中屡屡出错，还会影响组织的整体业务战略。

我在阿里做政委的时候，有一次到某个部门办事，一走进这个部门，我就发现气氛有些"诡异"，有的员工一脸严肃地盯着电脑，有的员工眉头紧锁地打着销售电话，竟然没有一个员工露出轻松愉快的表情，这种情况在倡导"笑脸文化"的阿里中是极为罕见的。

我马上召集这个部门的主管和政委开会，向他们了解造成这一问题的原因。原来，这个部门已经连续三个月没有完成业绩目标，于是主管和政委就向员工下达了"死命令"，要求所有人必须在当月达成业绩目标，不然就要接受惩罚。这种"硬"得不能再"硬"

的命令让员工们压力倍增，不仅"夺走"了大家的笑容，工作结果也没有丝毫起色。

看到这种情况，我建议这个部门的主管和政委放平心态，并且特别提醒政委："你要想办法让业务由'实'到'虚'，思考如何激发员工的工作热情，而不是一味地用惩罚的方式给员工带来压力，打压员工的积极性。"

听了我的话，这名政委马上改变工作策略，根据当前的业绩目标设定了奖励机制，并且每当有员工成单时就进行及时的播报和庆祝。很快，员工们脸上的笑容回来了，团队氛围也更具热情和凝聚力。

阿里政委讲究"实事虚做"，而对于业务部门来说，业务就是很"实"的一件事，包含业绩、销售额、利润率等冷冰冰的数字和指标，常常给人以压力而非动力。因此，政委要想办法将这些"实事虚做"，让员工具备足够的热情，发自内心地完成这些指标，从而更好地让组织战略落地。

要想让业务由"实"到"虚"，政委需要做到**懂业务**，明白通过哪些方法能够真正触碰到员工的"兴奋点"，在团队进行业务工作时如何维持热情高涨的氛围，如何打造有利于业务发展的企业文化等。一个懂业务的政委往往能够帮助组织更好地完成业务战略，从文化、制度、人才等各个方面拉动业务的增长与发展。

3.1.3 自身原因：不想只做一个执行者

我接触过很多 HR 朋友，也常常倾听他们的苦恼和问题，我发现很多 HR 都十分关注自身的成长，但是苦于不知道如何提高自身能力，甚至不知道提高自身能力有什么实际作用。

"我真的很想获得成长，但是不知道从哪个方面入手。"

"我在线上、线下都学习了很多课程,但是学到的知识却无用武之地。"

"我每天都在做一些琐碎的工作,觉得自己的人生都快荒废了。"

"我觉得自己就像是一个'工具人',只是机械地完成领导派发的任务,满足员工和部门的各种需求。"

我在和 HR 朋友交谈的过程中,常常能够听到他们的这些抱怨,也理解他们的苦恼和困惑。

大家可以试想这样一个场景。你是一家企业的 HR,一天坐在办公室中正在整理考勤表,忽然销售主管找到你,要求你为他的部门招聘几名员工。当你询问对方要招什么条件的人时,对方挠挠头表示他也没有想清楚,并让你看看其他企业的招聘启事,从中借鉴一下就可以。

你无奈地发布了招聘信息,辛辛苦苦地把人招进了销售部门,但是没过几天销售主管又找到你说:"你招来的人能力不行,你去把他辞退吧!"我想,这时的你心中会充满了委屈和愤懑,会认为:"当初销售主管提交的需求就不清晰,即使这样我也没有抱怨,还是辛辛苦苦地筛选了许多份简历,花费大量时间进行面试,但是最终又因为销售主管的一句话,就让我所有的努力都'打了水漂',这太不公平了。"

发生这样的情况,固然有企业体制和他人对 HR 职责的认知问题,但是更重要的是**如果 HR 对自身的成长以及自我认知本身就不清晰,那么就"怨不得"别人了。**

从事人力资源工作的人,不能是单纯的"执行者",更不能是"招之即来,挥之即去"的"工具人",而应该拥有较强的主观能动性和自主权,能够通过自己的认知和理解做出合理的决策,从根本上帮助组织推动业务的发展。这也正是阿里政委需要懂业务的原因之一。

政委要想获得成长和能力上的提升,需要"吃透"业务的各个环节,学会从业务的角度出发进行每一项工作,真正做到让工作落到实处,在工作中体现**思想、意识**和**"灵性"**。

无论是从业务角度、战略角度还是从政委自身角度,懂业务都是阿里政委的"必修课",也是无论如何都绕不开的一道"坎儿"。政委如果能够迈过这道"坎儿",就会发现自己的能力和格局会上升到一个新的高度,看待问题的角度也会更加全面且深刻。

3.2 阿里政委懂业务的三个层次

阿里政委怎样才算是懂业务？这一问题困扰着许多刚刚成为政委的新手。

在阿里，我辅导、培训过许多政委新手，发现他们普遍存在一个问题，那就是很想深入业务但是缺少相应的"抓手"。政委新手难免会出现不知道从哪里入手业务、不明白业务的层次和逻辑、无法透过业务现象看清事物本质等问题，而这些问题常常让他们陷入迷茫和焦虑，显得无所适从、力不从心。

面对这些陷入成长困境的政委新手，我会将自己总结出的经验传授给他们，让他们了解阿里政委懂业务的**三个层次**。

阿里政委在懂业务的过程中需要经历三个层次，一是**了解业务**，二是**理解业务**，三是**预判业务**（见图3-1）。阿里政委需要循序渐进地体会这三个层次，一步一个脚印地了解业务的方方面面，做到由外而内、由浅入深地看懂业务、"吃透"业务。

图3-1 阿里政委懂业务的三个层次

3.2.1 了解业务：知道"什么是什么"

政委懂业务的第一个层次是**了解业务**。何谓了解业务？就是政委要知道**"什么是什么"**。这个答案是不是看起来很抽象，很让人费解？

其实，所谓"什么是什么"，意思就是阿里政委需要了解组织当前的整体业务情况。我在培训的过程中曾做过这样一个实验：我提前准备好一张问卷，在课堂上分发给所有 HR，让他们进行作答。问卷的内容其实很简单，都是一些较为浅显的关于当前组织业务情况的问题。这些问题在业务人员看来显得有些"小儿科"，但是却难倒了在场的大部分 HR，甚至有的 HR 最后竟交了"白卷"。

对于业务情况了解的缺失会造成 HR 与业务部门甚至整个组织"脱节"，使人力资源工作与企业的业务发展不匹配，埋下严重的隐患。为了避免这样的问题出现，阿里政委会时刻注意对业务情况的了解，有时会进行自我测试，判断自己对业务了解的程度和水平。

政委可以对自己提出以下问题：

企业所处行业的核心业务是什么？
行业的领军企业是谁？
我们的企业在整个行业所处的位置是什么？
相比于其他企业，我们的企业存在哪些优势和不足？
企业的核心业务和核心产品是什么？
企业的业务模式和业务流程是什么？
企业的客户是谁？
企业是如何获取利润的？
企业的关键部门和核心岗位是什么？

每个部门的职责与业务指标是什么？

……

政委如果能够清楚这些问题，就能对组织的整体业务情况有一个全面的了解，能够更好地认知企业是如何运转的。在工作中，政委不能"盲人摸象""管中窥豹"，只局限在自己眼前的"一亩三分地"上。

当政委打开自己的视野，站在业务的角度去思考问题时，就能更好地将自己负责的工作与组织的业务需求串联起来，从而真正做到工作有成效、有结果。

3.2.2 理解业务：知道什么本身代表的背后意思

政委了解业务只处在懂业务的表层阶段，还要具备透过现象看本质的能力，能够**"知道什么本身代表的背后意思"**，即理解业务。

这句话应该如何理解呢？回答这个问题前，我想先讲一讲发生在我的一名员工身上的经历。

在刚刚加入我的团队时，这名员工还在以传统HR的视角进行工作，对业务方面的事物抱着不闻不问的态度。看到他的工作表现，我提醒这名员工说："你现在的岗位是政委，政委要学会贴近业务、看懂业务，这样才能做好工作。"

听了我的话，他也意识到自己需要加深对业务的理解。于是，他努力地向业务人员请教各种业务问题，听他们讲解产品、销售方法、业务流程等。

后来他曾向我表示，那段时间他虽然了解了业务的"皮毛"，但是没有看到隐藏在"皮毛"下的业务的"骨肉"，自以为已经懂业务的他，发现自己在工作中依然把不好招聘的"脉"，组织的培训依然让员工提不起兴致。

当时,我也感受到了他遇到的困难,于是手把手地对他进行辅导,并且为他安排了一些真正的业务工作,让他深入到一线业务团队之中,通过实战理解每个业务环节背后的意义是什么。

经过一段时间的磨炼,他明白了业务工作为什么要这样做而不是那样做,业务团队每天面对的压力和问题是什么,工作运转有哪些不合理的地方需要调整,团队还需要补充什么样的人才,员工需要提高哪些能力来让工作变得得心应手等。

有了这段经历,他意识到政委仅仅了解业务是远远不够的,还要明白业务背后的逻辑是什么、目的是什么,每项业务工作和环节背后的内在因素是什么。

政委不仅要懂业务,还要成为业务专家,要明白业务的发力点在哪里,做怎样的营销宣传能够提高销售业绩,如何打通产品部门与销售部门之间的沟通壁垒等,这样才能成为业务搭档的得力帮手,切实地帮助组织获得经济效益和业务发展。

3.2.3 预判业务:对可能的结果有预先判断

预判业务是阿里政委懂业务的最高境界。在了解业务和理解业务之后,政委需要站在更高的维度对可能出现的业务结果做出预先的判断,并且给出相应的建议或决策。

政委要做到预判业务并不容易,不仅需要对当前的业务现状、业务流程、业务问题等情况了然于胸,还要具备深厚的业务经验,能够根据企业战略方向、行业发展趋势、当前市场环境等判断出未来的业务走向。预判业务的能力是无法一蹴而就的,不是靠看几本书、听几门课就能做到,而是政委通过经年累月的积累和沉淀,不断训练自己敏锐的业务"嗅觉"和洞察能力,在不停地实践中培养起来的。

在阿里,谁都无法在一开始就能成为预判业务的"大神"。许多阿里政委的成功和辉煌业绩,都是靠着他们长年扎根基层、深入业务,步步为营地"打"出来的。

正所谓"冰冻三尺非一日之寒"。政委要拥有良好的耐心和毅力,在每次开展业务项目前尝试做出预判,再在项目完成后将预判的情况与实际结果进行对比。刚开始,两者的差距可能会非常大,但是随着政委经验的积累,这一差距会变得越来越小,直至最终政委将能够根据自己的预判来帮助业务部门调整业务战略、规避业务风险,成为**既能懂人心又能"打胜仗"**的"多面手"。

经过懂业务的三个层次的历练,政委将"脱胎换骨",无论是在个人成长还是工作能力方面,都会获得很大的提升。最重要的是,懂业务的政委能够成为企业的得力助手,辅助企业收获业务上的胜利果实,这也是政委的重要意义和价值所在。

3.3 政委与业务相处之道的"四段论"

如果将业务比作一个舞池,那么政委与业务搭档就是在舞池中翩翩起舞的一对舞者。优秀的舞伴能够做到心有灵犀,可以根据对方的一个眼神、一个微妙的动作了解对方的想法和意图,并且做出相应的动作调整。

阿里政委其实就是业务搭档的**称职舞伴**,需要通过和对方沟通和了解对方来加深彼此之间的默契,否则就容易在相互配合的过程中踩到对方的"脚",从而乱了"舞步"。

政委与业务搭档的相处之道实际上就是彼此相互了解、形成默契的过程。阿里将这一过程总结为"四段论",分别为**"懂你""懂我""你懂我懂你""我懂你懂我懂你"**(见图3-2)。"四段

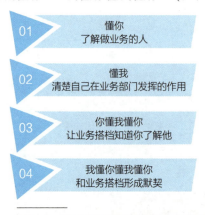

图3-2 政委与业务相处之道的"四段论"

论"听上去有些拗口，但是如果政委能够理解其中的深意，就能配合业务搭档秀出华丽的"舞姿"。

3.3.1 懂你：了解做业务的人

有些传统 HR 喜欢自说自话。无论是发布新的规章制度，还是组织团建活动，他们一般都会以直接通知的形式进行，正式一些的事情会开会通知，而大部分事情则只是靠单方面的口头通知，甚至在线上工作群中"敷衍"地说一下，也不管员工是否看到了通知或是对通知的内容是否有异议。久而久之，这样的 HR 就会给员工留下"高高在上""不近人情"等糟糕的印象。

"你既不了解我，又不愿意走进我的内心，我凭什么要听从你的指挥？"我想，这是一些业务人员对这种 HR 持有的想法。

而面对业务搭档，这些 HR 又变了一个态度，抱着"听之任之"的心态，对方说什么，自己就附和什么，对方要求什么，自己就努力地满足什么，不去思考也不进行沟通，即使看到问题也闷不作声，心中想的是"给上级挑毛病可不在我的工作范畴中，我可不要给自己惹事情"。

这样的 HR 有时看似在工作上没有什么问题，但其实他们最严重的问题都隐藏在深处。HR 不与业务搭档和业务人员沟通，让彼此之间形成看不见的壁垒，这会在很大程度上导致组织中出现矛盾与分歧，让组织运转变得障碍重重。

阿里政委在懂业务的过程中，最基础的一步就是**"懂你"**，即了解做业务的人，而了解的基础就在于沟通，这其中包括和业务人员的沟通以及和业务搭档的沟通。

通过沟通，政委可以知道业务人员在想什么、有什么样的需求、存在什么样的困难和问题，然后从"人"的角度"对症下药"，帮助、支持大家，成为大家的"贴心小棉袄"，从而获得大家的认可与尊重，这样政委在开展工作时也能更为顺利。

政委要做到懂业务人员相对简单，可以通过谈话、团建、吃饭、玩游戏等形式，在轻松的氛围中加深对彼此的了解，做到**"玩到一起才能干到一起"**。而政委要想懂业务搭档，就要花费一定的精力，开动一下自己的头脑。

在电视剧《亮剑》中，赵刚政委也是在不断了解李云龙团长的过程中，通过一件件小事和坚持不懈的沟通，最终赢得了对方的友情、信任与尊重，使团队爆发出更强的凝聚力和战斗力。

阿里政委也是如此。在阿里政委看来，和业务搭档的沟通是一件必不可少的事情，也是一门**学问**。政委和业务搭档的沟通既不能是"尬聊"，又不能是当面"拆台"，而应把握好尺度，像朋友、战友一样走进对方的内心，让对方愿意将自己的心里话说出来。

我与业务搭档的一次沟通经历让我印象深刻，那时，我担任阿里的大政委。在需要制定下一个季度的全国销售策略时，当时的业务搭档召集了我以及所有大区总经理开会进行讨论。

业务搭档先是拿出了自己制定的一套方案，向大家展示和讲解，然后在场的所有人一一对这套方案提出了自己的想法和意见。从我的角度来看，大家向业务搭档提出的意见都十分中肯，也很有建设性。业务搭档也说："我会综合大家的意见来完善方案。"

但是让人意想不到的是，业务搭档在几天后向上级汇报方案的时候，竟然没有吸收任何人的意见，而是沿用自己制定的最初方案，这样的做法让许多参加会议的人感到自己不受尊重和信任。看到即将爆发的矛盾和危机，我第一时间想到的并不是去批评、斥责业务搭档的行为，而是想要和他进行沟通，了解他真实的想法。

于是，我找到一个可以和业务搭档单独沟通的机会，对他说：

"在上次会议中,我看到你的方案后觉得非常好,从中可以看出你是一个对业务非常精通的人,这也是我欣赏你的地方。"

听了我的话,对方有些惊讶,本以为我是来找他"算账"的,没想到我给予他足够的认可和赞赏,原本紧张的氛围一下子缓和下来。他笑着对我说:"谢谢你的认可,我也有许多不足,今后我们可以互相学习。"

看到他放松下来的神情,我抛出了自己的问题:"最近我有一点困惑想与你交流。上次开会后,你表示会将大家的意见融入方案中,但是从你后来呈现的方案看,你显然没有这样做。你的做法让与会的同事们很沮丧,可能会影响他们对你的信任。对于这一情况我很想听听你的想法。"

当时,我并没有批评或质问对方,而是站在对方的角度,以不带任何主观情绪的口吻说出事实,并进行善意的提问。

听完我的问题,业务搭档长叹了一口气,说:"当时在讨论会上,大家提出的意见都很好,我一时冲动,在没有进行过多思考的情况下就答应将大家的意见综合到方案之中。但是,之后我在修改方案时,发现大家的意见虽然并没有错,但都只是站在自己所处的位置上考虑问题,并没有顾及全局。由于时间紧迫,所以我在没有通知大家的情况下,将最初的方案提交了上去。我本来准备之后向大家解释这件事,但是还没想好该怎么说,总觉得很难放下面子向大家表示歉意。"

听了业务搭档的话,我明白了他的想法,也理解他处在领导的位置上想要维护自身形象的想法,但是问题还是需要解决。于是,我表示当晚会组织大家一起聚餐,希望他能在一种轻松的氛围中将自己刚刚对我说的那些心里话再传达给其他人,因为"不隐瞒,不做作,坦诚交流"是最好的利器。业务搭档接受了我的建议,在当晚的餐桌上向大家"真情流露"。不仅修复了大家的关系,还使彼此之间的信任感比以前更强了。

沟通是一门学问。政委要想走入业务搭档的内心,做到真正地"懂你",就要学会这门学问。

试想,如果我在发现问题的时候,直接向业务搭档表达不满,对其当面"拆台",说:"你这样做伤了大家的心。你明明听取了大家的意见,也表示会完善方案,但是依然我行我素、出尔反尔,向上级汇报了最初的方案。你这样做不好。"这样的表达不仅无法改变业务搭档的想法,还会让对方产生抗拒心理,使彼此的矛盾激化。

"懂你"是政委与业务人员相处的重要前提。政委需要学会站在做业务的人的角度上看问题、想问题,通过沟通的方式了解对方的真实想法,这样更有助于自己处理好组织中的种种问题与矛盾,能够让业务工作开展得更加平稳、顺利。

3.3.2 懂我:清楚自己在业务部门发挥的作用

如果将阿里政委与业务的相处过程比喻为"知己知彼",那么"懂你"就是"知彼",**而"懂我"就是"知己"**。政委需要清楚自己在业务部门发挥的作用,做到"懂我"才能成为业务搭档称职的"舞伴"。

在业务部门中,政委有两个主要作用,一是**推动业务决策**,二是**将业务目标做"虚"**。

1. 推动业务决策

政委要做的第一件事就是参与几乎所有关于业务的会议和决策制定,和业务搭档一起不断确认目标达成的可能性,推动业务决策的落地实施。

在阿里,我最常做的事情就是开业务会议,月会要参与,周会要参与,项目讨论会要参与,业务复盘会也要参与,总之作为政委的我有关业务的一切会议都要参与。有的同事开玩笑地说:"你比业务搭档参加的会议还多。"

在会议上,我不是一个旁观者,而是重要的参与者。我会站在人力资源管理的视角,向在场的所有人展示自己的看法和见解,为大家提供不同角度、不同思路的观点。

我不仅参加业务会议,还会在业务搭档做决策的时候出谋划策,为对方"把关""掌舵",及时纠正对方的问题,帮助对方规避风险。

一次,我向一些传统 HR 分享我的这些经验和做法,有些人表示自己这样做怕被别人认为是"狗拿耗子多管闲事"。于是,我对他们说:"我们做这些事不仅不是在管闲事,反而是在做自己分内的事,不做就是失职。"

做业务的人往往只关注于事物层面,经常会将视野局限在业绩、效率、方法等事情上,这时如果没有人帮助他们**"揪头发"**,让他们的注意力离开眼前的"一亩三分地",站在更高的维度看问题,那么他们制定出的业务策略和方案就容易"跑偏",出现只关注了"事"而放弃了"人"的问题。

阿里政委在业务部门中应当发挥好"舵手"的角色,从"人"的角度出发,**"以人为本"**地判断业务决策是否合理、是否存在漏洞、是否有更好的解决方案、是否符合企业的价值观,从而让决策更为完善,既满足业务发展需求,又让员工有动力有激情地展现自己的价值、共同推动业务决策的落地与实施。

2. 将业务目标做"虚"

大家要知道,业务目标往往是实实在在的**数字层面**的东西,但是冷冰冰的数字却容易给员工带来压力、让他们感到焦虑,同时也无法驱动员工的内心、点燃他们心中的那团"火"。

如果业务部门今年的业务目标是 1000 万,但是部门中没有任何人讲"为什么我们的目标是 1000 万""我们怎样做才能达成 1000 万的目标""我们有什么样的优势和资源可以帮助我们达成 1000 万",那么这 1000 万也仅仅是一个数字而已。

阿里政委要做的事情就是将那些实实在在的业务目标做**"虚"**,让员工从内心接受目标,并且愿意付出努力去实现目标,比如和员工谈职业规划、谈个人成长,并从中长期的规划中找到当下工作的意义和目标定位。

如何找到业务目标的"虚"?我过去的一个下属就非常善于将业务目标做"虚"。他曾为自己所在的大区团队提出"行必果,战必胜"的口号。当时,他的团队在整个阿里的成绩只排在中游。为了提升团队的业务成绩,让团队跻身前列,他根据当时的业务目标和团队情况总结出这一口号。

在"行必果,战必胜"口号的激励下,员工们一方面迸发出达成目标的动力与热情,另一方面也时刻关注自己的工作是否产生了效果、自己是否在做"无用之功"。我的这名下属通过将数字层面的目标转换为鼓舞人心的口号,成功地帮助团队提升了业绩、拿到了结果。

政委要学会将业务目标做"虚",通过向员工讲解目标背后的意义与价值、将目标提炼为口号、让员工看到达成目标的希望等方法,赋予目标以"温度",让目标变得"深入人心"。

以上两点便是政委需要清楚自己在业务部门发挥的作用。政委要想懂业务，就需要先"懂我"，明白自己需要做哪些工作，而这些工作又是如何推动业务发展的。政委对自身工作的职能与作用有了清晰的认知后，能够更好地帮助业务部门实现目标、拿到结果。

3.3.3 你懂我懂你：让业务搭档知道你了解他

政委与业务搭档相处的过程中，不仅要"懂你"，更要**"你懂我懂你"**。

什么是"你懂我懂你"？

政委在了解业务搭档后，要让对方清晰地知道"你了解他"，让他意识到政委是在真心地支持他、帮助他，这样更容易使双方产生信任与默契。

要做到"你懂我懂你"，政委需要和业务搭档站在同一个视角上，从对方的角度思考问题，并在沟通的过程中和对方站在同一条"战线"上，根据对方的立场来说话，这样业务搭档就会觉得"你是懂他的"，从而认真地听取政委的意见，接受政委的观点和想法。

大家可以试想，在工作的过程中，如果有人忽然对你说"你这里做得不对，你不应该这样做"，你的第一反应估计不是虚心听取意见，而是觉得"你凭什么说我做得不对"。人们在受到批评的时候，会本能地产生反抗情绪，会第一时间维护自己的权威。业务搭档也是如此。

因此，政委在和业务搭档相处时，要让对方明白自己是在帮助他，而不是在批评、指责他，不是要推翻对方的观点和想法，而是在补充对方没有考虑到的问题。

政委可以尝试通过站在对方的角度进行提问的方式与业务搭档沟通，比如"你的想法有很大的突破和创新，看得出你是一个有魄力的人，但是现在让我们戴一下'黑帽子'，想想有没有其他的问题和风险""我支持你的观点,但是现在让我们想想,当员工听到这个政策时,头脑中会出现怎样的想法"。

通过提问的形式,政委不仅能够了解业务搭档内心的真实想法,还能够让对方感受到足够的关注、认可和尊重。

"你懂我懂你"能够让业务搭档向政委敞开心扉,明白政委是在毫无保留地帮助、协助他,从而使彼此的沟通更加顺畅,避免不必要的隔阂与矛盾,让双方能够"拧成一股绳",向着一个方向努力前进,最终共同推动业务的发展与壮大。

3.3.4　我懂你懂我懂你:和业务搭档形成默契

政委与业务搭档相处的最终境界是**"我懂你懂我懂你"**。这句话听上去十分拗口,其实简单理解就是政委和业务搭档相互形成默契,变得互相欣赏、彼此信任。

无论是政委还是业务搭档,在其专业领域都有着较高的能力,因此双方要懂得学习对方的长处、弥补自己的短处。特别是政委,在业务领域要努力向业务搭档汲取知识和经验,这样才更容易做到懂业务。

我在阿里任职的时候,会将每一个业务搭档视为自己的导师。凡是遇到自己无法解决的业务问题时,我都会主动向业务搭档请教。当自己的看法和意见与业务搭档不同时,我也会和对方交换、谈论彼此的看法,从而丰富各自看问题的角度。

在这种学习、讨论的氛围中,我和业务搭档会不断加深了解,这种了解不仅限于在工作能力方面,还包括对彼此性格、处事方式、思维逻辑的了解。这种了解慢慢地被强化为默契,甚至有时我从业务搭档的一个眼神、一个动作或一句话中就能明白对方的意图,彼此不用花费太多的沟通成本就能配合良好地开展工作。

"我懂你懂我懂你"的相处境界需要政委和业务搭档长期共同地努力才能达到。多交流、多沟通、彼此学习、相互支持,这是政委和业务搭档的重要相处方式。在一个团队中,政委和业务搭档就像是"左手"和"右手",政委要学会**"左手"温暖"右手"**,让双方能力互补,这样更容易管理好团队、取得理想的结果。

3.4 政委懂业务还不够，帮业务才可以

政委仅仅懂业务更像是"纸上谈兵"。作为业务搭档的重要伙伴、团队的"二把手"，政委还要能够切实地帮业务，能够和业务人员位于同一个"阵地"共同战斗，身体力行地融入真正的业务工作之中，这样才可以更好地赢得员工的支持与信任、有效地推动组织业务的开展。

在刚刚成为阿里政委时，我认为帮业务就是要代替业务搭档去执行业务工作。那时，我尝试过亲自辅导大区总经理提升管理技能、陪主管走访客户、每天带领经理开复盘会等。但是，我很快意识到自己和业务搭档的工作内容没有区别，团队像是没有政委，反而像有两个业务主管。我的这种做法显然出现了问题。

那么，政委如何才能真正做到帮业务呢？

随着我在阿里工作的时间越来越久，我对政委帮业务的理解也越来越深入。基于多年的工作经验，我将政委帮业务的过程总结为两点：一是**政委要明白自己与业务搭档如何分工合作**，二是**政委要懂得参加业务会议的"哲学"**。

3.4.1 政委与业务搭档如何分工合作

阿里政委与业务搭档虽然都在为推动组织的业务发展而努力，但是两者的工作侧重点是不同的（见图3-3）。在工作中，阿里政

委和业务搭档在相辅相成的同时又相互制衡,使组织在一个平衡、稳定的状态下发展。

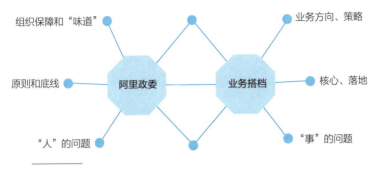

图 3-3 政委与业务搭档工作的侧重点

业务搭档主要负责业务方向与策略、业务核心与落地等方面的工作,总结来看就是**处理关于"事"的问题**。而阿里政委则主要负责组织保障和"味道"、原则和底线等方面的工作,主要**处理关于"人"的问题**。

政委和业务搭档的分工十分重要。因为政委可以填补业务搭档的能力盲区,找出对方进行决策时遗漏的关键信息。我曾对以前的业务搭档开玩笑地说:"你们业务搭档在处理问题时,关心的是**业绩、业绩、还是业绩**!但是业绩以外的事情就要靠我们政委来解决了。"

有时,业务搭档在进行业务决策时,可能只考虑到能否拿到业绩结果,但是会忽略员工的情绪、团队的氛围等层面。这时,政委就要发挥好搭档的角色,帮助业务搭档扫清"人"层面上的障碍,让决策能够向着正确的方向发展。

有时,业务搭档可能会过于重视员工的业务能力,从而忽视了员工在实现业绩目标时是否存在违背企业价值观、触碰企业"高压线"的行为。这时,政委需要帮助业务搭档把好"人员关",避免员工出现欺诈客户、损害组织利益和企业形象等问题。

政委和业务搭档一方面要在各自擅长的领域发挥自己的能力和价值，另一方面也要做到相互沟通与支持，在**优势互补**的过程中共同推进业务成长。

3.4.2 政委参加业务会议的"哲学"

业务会议就像是政委不能丢失的**"阵地"**，是政委能够有效地深入一线业务工作的重要桥梁和窗口。政委参加业务会议可以了解当前的业务情况和进展，发现业务问题，辅助业务团队解决问题，制定并落实业务策略。

但是，我见过有些政委把自己当作业务会议的"记录员"而不是参与者，直到会议结束都一言不发，反倒是在笔记本上密密麻麻地写满了会议记录，更有甚者在会议结束后不会再翻看一次这个笔记本。对政委而言，类似这种"走马观花"地参与业务会议的方式对帮业务方面基本上没有实质性的帮助，反而会浪费自己宝贵的工作时间。

政委参加业务会议不是"做样子""走形式"，而是要真正参与到会议之中，观察业务人员在会议上的表现，感受业务团队的"味道"，思考建团队和培养人的方向，向团队提供有建设性的意见和观点，以帮业务为出发点，**想大家之所想，急大家之所急**。

政委要尽可能多地参加业务会议，比如早会、晚会、周会、月会、季度总结会、业务战略会、业务复盘会等，去努力了解当前正在进行什么业务、将要进行什么业务，和业务人员一起讨论项目、分析需求、剖析数据。

我曾经辅导过的一个小政委在听到要参加这么多会议的时候皱了皱眉头，说："这是不是有些过于浪费时间了？"我对她说："业务会议是一个能够判断用人需求和观察员工潜力的宝贵机会。"

于是，我带着她参加了一次业务部门的会议，让她仔细听每一个员工的表述和发言，并判断哪些员工思维敏捷、逻辑清晰，哪些员工专业技能强，哪些员工发言时会"慢半拍"。会议结束后，我告诉她那些思维敏捷、逻辑清晰的员工可能具有管理者的潜力，那些专业技能强的员工未来可以走专业路线，而那些反应较慢的员工需要加强辅导和培养。

听了我的分析，这个小政委恍然大悟，对我说："原来参加业务会议可以帮助政委建设团队、培养人才呀！"

正如这个小政委所说的一样，在业务会议中，员工虽然主要表达的是业务方面的情况，但是政委要能够**"从事情看到人本身"**，通过员工的表述挖掘其本质和潜力，进而在之后制定出相应的培养、激励计划。

另外，政委在参加业务会议的时候还要积极参与讨论，但是讨论的内容不能沿着"业务线"，而应以**局外人**的角度站在业务线的周围，关注业务与人之间的联系是否合理、是否存在违背企业价值观的问题、业务的整体方向是否正确、业务落地的过程中能否满足客户的需求……在业务会议中，政委要存在一种对抗精神，站在自己的角度，抱着质疑的心态来提供意见、弥补不足。

政委要明白，只是懂业务还不够，要帮业务才可以。 政委要避免出现空谈业务的问题，需要不怕辛苦地深入到一线之中，花费时间和精力参与具体的业务工作，这样一方面能够推动业务向着正确的方向发展，另一方面也能让员工感受到政委对他们的关注与重视，从而更好地增强团队的凝聚力和信任感。

3.5 工具：业务诊断的"六个盒子"

要想成为一个懂业务的政委，大家就要知道如何找到业务中的问题并解决这些问题。我在为一些 HR 进行培训的过程中发现，很多人面对业务问题会出现**"头痛医头，脚痛医脚"**的情况。这种出现问题再去解决问题的方式往往难以带来有效的结果。其实，许多阿里政委在刚刚步入这一工作岗位的时候也会遇到这样的情况。

我的一个同事在刚刚担任小政委时，由于经验不足，总会遇到许多棘手的问题。

在一次营销活动中，团队中负责宣传的员工和负责销售的员工产生了冲突。在面对不理想的活动结果时，负责宣传的员工埋怨负责销售的员工没有做好转化工作，而负责销售的员工则认为负责宣传的员工提供的客户资源不够精准且难以转化。双方各执一词，互相"甩锅"。

面对这种情况，这名同事将问题简单归结为员工之间的冲突和矛盾。她找来两名员工一起开会，希望大家通过心平气和的谈话来化解矛盾，一起找到解决问题的方法。

但是在会议上，两名员工针对活动目标、流程、结果等方面的看法都无法达成一致，并且越吵越严重。我的这个同事本想化解双方的矛盾，没想到事与愿违。

无奈之下，她只好找到大政委来解决这一问题。

听了实际情况后，大政委说："我们不能将所有业务问题都归结于人与人之间的冲突,而要用更加全面的视角来看待团队中出现的问题,站在更高的层面,通过结构化的思维方式来判断问题所在。我们要看一看在这次活动中,两名员工的目标和使命是否一致、分工是否明确、流程是否清晰、获得的激励是否充足等。这样你才能挖掘到问题的本质。"

就像案例中的大政委所说的那样,政委要学习一些能够更全面地**诊断业务**、**了解团队**的方法,要不断提升自己的眼界,磨炼自己透过现象看本质的能力,这样才能帮助团队从根本上解决问题和冲突,进而提高团队的效能。

在阿里,有一个诊断业务的"神器"——**"六个盒子"**。阿里政委就是凭借这一工具不断发现业务问题、提高团队效能。

3.5.1 不管业务怎么变,"六个盒子"跑一遍

"六个盒子"(见图3-4)又被称为"韦斯伯德六盒模型",是由美国的组织动力学教授韦斯伯德在1976年总结的咨询顾问工具,能够帮助企业深度分析、全面把控业务和团队的现状与问题。

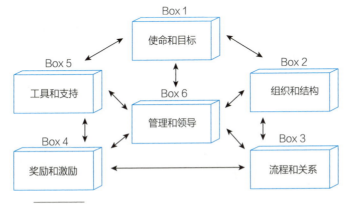

图3-4 "六个盒子"业务诊断工具

2007年，阿里将这一模型引入支付宝团队。2010年，"六个盒子"在整个阿里得到广泛应用，并被打造成适合我国本土企业的组织诊断工具。之后，赶集网、京东等企业也开始使用"六个盒子"这一工具。

阿里内部流传着这样一句话："**不管业务和组织架构怎么变，'六个盒子'跑一遍。**"

当企业业务出现问题时，造成问题的原因可能不止一个，其他原因可能隐藏在不易察觉的深处。

比如一个销售团队出现士气低迷的情况，有些政委会将原因简单归结为员工心态出现问题，会以团建、激励等形式来提升士气。但是在很多情况下，造成销售人员士气低迷的原因十分复杂，如销售流程不合理、销售方法欠缺、组织架构出现问题等。政委如果不对问题加以分析，而是直接用简单粗暴的方式解决问题，其结果不仅会浪费精力，甚至还会使问题更加严重。

因此，要想从根本上解决业务的问题，政委需要通过"六个盒子"从全局视角来深入挖掘问题的症结，然后找到解决问题的有效方法，并形成有效的改进规划和策略。

"六个盒子"分别为"**使命和目标**""**组织和结构**""**流程和关系**""**奖励和激励**""**工具和支持**""**管理和领导**"。这六大部分覆盖了业务的各个方面。政委在使用"六个盒子"诊断业务问题时，要对这六大部分轮流诊断一遍，这样才能客观、全面地找出问题。

"六个盒子"有着明确的**诊断顺序**，每个"盒子"都有具体的**诊断内容**与**诊断依据**（见表3-1）。在使用"六个盒子"的过程中，政委要根据每个"盒子"的诊断依据来判断其诊断内容是否存在问题。

表 3-1 "六个盒子"的诊断内容与诊断依据

盒子名称	诊断内容	诊断依据
使命和目标	明确组织为谁创造价值 正确的使命和目标是什么	使命和目标是否清晰、明确 组织内部对使命和目标的一致性如何 使命和目标是否令人感到兴奋
组织和结构	什么样的组织可以达成目标 组织的分工、权责和边界是什么	组织和结构是否清晰、明确 组织运转的效能如何
流程和关系	组织中的各部分如何一起工作 工作的流程、关系和氛围是什么	流程和关系是否清晰、明确 大家的合作是否通畅
奖励和激励	如何激发员工的动力 奖励和激励的内容、形式和效果是什么	奖励和激励是否清晰、明确 奖励和激励是否激发了员工的正向行为
工具和支持	当前需要哪些支持和帮助措施 软件支持和硬件支持分别是什么	工具和支持是否帮助业务成功 工具和支持在执行的过程中是否有效
管理和领导	管理和领导如何维持其他"盒子"的平衡 管理和领导应达到怎样的水平	管理者和政委是否获得其他"盒子"的反馈 管理者和政委的调节手段是否有效

3.5.2 业务怎么样？评估"盒子"一、二、三

业务常常是企业关注的核心部分。因此，阿里政委需要具备了

解业务整体、理清业务结构、诊断业务问题、促进业务发展的能力。要想判断团队当前的业务情况如何，政委需要对"盒子"一、二、三进行全面评估，通过对**"使命和目标""组织和结构""流程和关系"**的诊断来找到业务问题和解决方法（见图3-5）。

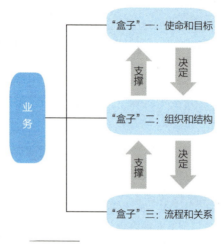

图3-5　业务诊断流程

1. "盒子"一：使命和目标

使命和目标是政委首先要诊断的"盒子"。因为使命决定了团队将为客户提供的价值是什么，而目标则决定了业务和团队的未来发展方向。使命和目标的确立是形成业务战略、业务形式的重要条件。

(1) "使命和目标"的诊断内容

阿里政委在用"六个盒子"诊断团队的"使命和目标"时，诊断内容包括两个方面，一是**"明确组织为谁创造价值"**，二是**"正确的使命和目标是什么"**（见图3-6）。

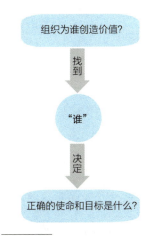

图3-6 "使命和目标"的诊断内容

"明确组织为谁创造价值"对于政委诊断"使命和目标"非常重要。政委只有明确自己部门或团队在为什么样的人提供服务、创造价值,才能清楚之后的业务方向、策略和方法如何制定。

比如,业务部门在为客户创造价值。再比如,后台部门主要负责支持和协助工作,那么他们就在为企业的业务部门创造价值。当大家明确自己在为谁创造价值后,工作才会走在正确的"轨道"上。

组织创造价值的对象也决定了组织"正确的使命和目标是什么"。

使命是奠定一个组织发展的基础。对于政委来说,帮助团队明确组织的使命,能够带领组织走上正确的道路。

在阿里创立初期,马云就明确企业要为中小型企业创造价值。因此,他提出了"让天下没有难做的生意"这一使命。在这一使命的驱动下,阿里的整体业务都旨在帮助、支持中小型企业更好地发展。比如,阿里创办淘宝大学,帮助淘宝店铺的商家学习如何更好地运营店铺,进而获得成功。

阿里人明白，只有当客户取得成功的时候，自己才会从中有所收获。因此在阿里工作的业务人员，基本上都非常关注客户价值。因为他们知道，虽然追求利益是人的天性，但抛弃客户价值无法让自己和企业走得长远。

在不断为中小型企业创造价值的过程中，阿里也逐渐发展、壮大，并收获了自己的成功。

有了正确的使命后，政委还要了解当前阶段组织的目标是什么。目标是否清晰直接决定了组织能否制定出高效的战略和方法。

每年12月，阿里的政委都会和业务主管一起制定下一年的战略规划、业务图景和相应的业绩目标。在目标的指导下，组织上下会**以终为始**地制定出达成目标的策略和方法，这样下一年的工作就有了切实可行的方向和内容。

了解了"使命和目标"的诊断内容，大家还要知道相应的**诊断依据**。

(2)"使命和目标"的诊断依据及落地方法

阿里政委在诊断团队的"使命和目标"时，诊断依据分为三个方面，一是"**使命和目标是否清晰、明确**"，二是"**组织内部对使命和目标的一致性如何**"，三是"**使命和目标是否令人感到兴奋**"（见图3-7）。

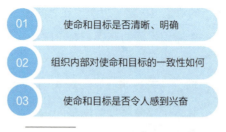

图3-7 "使命和目标"的诊断依据

首先，要想知道组织的**使命和目标是否清晰、明确**，政委需要从两个方面进行诊断。一是，政委要了解组织是否具有并提出了清晰、明确的使命和目标。二是，政委要了解使命和目标在组织内部是否得到了清晰、明确的传达，所有员工是否都了解使命和目标。

什么是清晰、明确的使命？就像前文所说，组织的使命要和客户价值高度关联。

比如，亚马逊的使命是"让人们可以通过简单的网络操作获得具有教育性、资讯性和启发性的商品"，谷歌的使命是"整合全球信息，使人人都能访问并从中受益"，华为的使命是"聚焦客户关注的挑战和压力，提供有竞争力的通信解决方案和服务，持续为客户创造最大价值"。从这些例子中可以看出，几乎所有成功企业的使命都与客户价值高度相关。

清晰、明确的目标应是**具体的、可衡量的、可达成的、现实的、有完成期限的**。上述构成目标的五个条件即人们常说的 **SMART 法则**（见图 3-8）。政委在诊断目标是否清晰、明确的时候，可以围绕这五个条件作出判断。

图 3-8　SMART 法则

其次，政委要诊断了解"**组织内部对使命和目标的一致性如何**"。有时，组织内部的员工对"使命和目标"的认知和理解有所差异，甚至截然相反。这种情况会为组织带来极大的隐患和严重的后果。

柯达曾是一家世界一流的影像产品企业。但是，随着数码行业的不断发展，以传统胶卷行业起家的柯达受到巨大冲击。2013年，柯达宣布破产，曾经的影像行业巨头轰然倒下。

其实，许多行业巨头都曾面临时代更替所带来的威胁和挑战。但是，有些企业通过转型重新焕发生机，而有些企业则无奈退场。这些无奈退场的企业在生命末期都会出现相同的组织症状，就是员工对企业的"使命和目标"无法达成一致。

在柯达破产前夕，有人采访柯达的一些高管，询问他们企业的目标和发展方向是什么。采访的结果令人大跌眼镜，柯达的每个高管口中的企业目标和发展方向都不相同。在柯达宣布破产之后，很多人将组织内部对"使命和目标"无法达成一致性看作柯达失败的重要原因。

从上面这个案例可以看出，组织内部对"使命和目标"达成一致是十分重要的。因此在诊断"**使命和目标**"这一"盒子"时，政委可以对员工甚至业务经理进行提问，判断他们是否真正理解、认同组织当前的"使命和目标"。比如政委可以提问以下问题：

- 我们团队的使命是什么？
- 我们为什么要有这样的使命？
- 我们在为谁创造价值？
- 客户的需求是什么？
- 我们团队的目标是什么？
- 我们为什么要制定这样的目标？

- 这个目标是如何制定出来的？
- 这一目标下最核心的指标是什么？
- 为什么这一指标会对目标达成产生重要影响？
- 员工是否清楚这一目标以及目标背后的意义？
- 哪些员工清楚目标，哪些员工不清楚目标？

……

在不断地追问下，政委就会发现大家对组织的"使命和目标"是否具有一致性，同时也能挖掘出许多深层次问题。

最后，政委还要判断**"使命和目标是否令人感到兴奋"**。很多时候，良好的"使命和目标"会让员工由内向外地产生积极向上的热情和动力。

在每年的淘宝年会上，淘宝都会请来许多店铺商家，让这些客户分享自己通过淘宝获得了怎样的收益和成功。这些上台进行分享的人有些是曾经缺少资金支持的大学生，有些是乡镇中的青年，还有些是缺少经济来源的残障人士。他们都通过淘宝改变了自己的人生轨迹，获得了很大的成功。

在这一过程中，淘宝的员工往往会收获莫名的感动。这种感动来自他们对自身工作价值的高度认可，对组织的"使命和目标"的理解和向往。

政委要明白，良好的"使命和目标"能让员工获得价值感，让他们明白自身工作的意义。一个令人兴奋的"使命和目标"可以凝聚团队的力量，激发更多优秀人才的工作热情与动力。

2. "盒子"二：组织和结构

在诊断完"使命和目标"后，政委要思考一个问题——当前的**"组织和结构"**能否支撑"使命和目标"的达成。政委要知道，一个良好的组织结构能够提升团队的工作效率,帮助员工达成业务目标。所以,"六个盒子"的第二个"盒子"就是对**"组织和结构"**的诊断。

(1)"组织和结构"的诊断内容

在"组织和结构"这一"盒子"中,阿里政委会关注两方面的诊断内容,一是**"什么样的组织可以达成目标"**,二是**"组织的分工、权责和边界是什么"**。

为了达成"使命和目标",团队需要具有合理的组织架构和明确的人员分工。对于政委来说,**知人善用**是能力的重要体现。政委不仅要知道如何设计组织架构才能促进团队达成目标,还要了解在日常工作中如何合理地配置员工的岗位,将合适的人放在合适的位置上,同时规定他们的权责和边界,这样才能让团队高效地运转起来。

我在为一家化妆品企业做咨询的时候遇到过这样一个案例。

这家化妆品企业的年目标是获得 1 亿元的净利润。最开始,这家企业达成目标的方法是通过增加线下渠道进行大面积铺货,从而打开品牌市场。但是受到新冠肺炎疫情的影响,这一方法显然无法达成目标,同时企业围绕线下直销搭建的组织和结构也要进行调整和改变。

于是,我向这家企业推荐了"六个盒子"诊断工具,并培训这家企业的高管和 HR 具体的使用方法。

之后,这家企业通过对"组织和结构"这一"盒子"的诊断,将线下渠道改为线上运营,对大量原本负责导购的员工调岗,让这些员工以线上直播的形式销售产品。因为大部分导购员都有良好的表达能力和销售技巧,因此调岗的效果非常好。

原本的直销团队转变为线上运营团队后,企业重新规定这些团队的权责和边界,以培训的形式告诉员工哪些事情可以做、哪些事情不可以做。通过对"组织和结构"的快速调整,这家企业最终达成了1亿元净利润的年目标。

政委要清晰地了解"什么样的组织可以达成目标",明白"组织的分工、权责和边界是什么"。在诊断这两部分内容时,如果发现问题就要对"组织和结构"进行及时的调整。

(2)"组织和结构"的诊断依据及落地方法

阿里政委对"组织和结构"的诊断依据分为两个方面,一是**"组织和结构是否清晰、明确"**,二是**"组织运转的效能如何"**。

什么样的"组织和结构"是清晰、明确的,什么样的组织运转又是高效的呢?优秀的"组织和结构"要和**现阶段的目标**高度关联。大家可以通过一个案例来了解诊断"组织和结构"的具体方法。

2013年至2014年,赶集网和58同城的竞争十分火热。我了解到,当时摆在赶集网HRD(人力资源发展)面前最大的难题就是如何通过使用"六个盒子"这一工具让赶集网快速缩小与58同城之间的差距。

当时,赶集网的目标是达到58同城年营收的四分之三。而在之前的一年中,赶集网的年营收只有58同城的三分之一。由此可以看出,要完成这一目标,赶集网将面对很大的挑战。

为了达成目标,出身于阿里的赶集网HRD运用"六个盒子"对企业进行整体诊断。在诊断到"组织和结构"这一部分时,HRD首先分析赶集网的"组织和结构"是否清晰、明确。

当时赶集网和58同城一样,以直销为主要销售途径。从组织结构上看,赶集网将800个销售人员分布在4个城市,并且划分出不同规模的销售团队。乍看之下,这一组织结构相对清晰、明确。

但是，HRD 将企业的组织结构与想要达成的目标进行匹配，发现了关键问题。

赶集网的目标是缩小与 58 同城之间的差距，因此 HRD 在分析自己企业组织结构的同时，也分析了 58 同城的组织结构。当时，58 同城的销售团队有近 5000 人，分布在 32 个重点城市。

面对 58 同城庞大的直销团队，HRD 发现，如果沿用当前的组织结构，赶集网很难在短时间内弥补这一人数规模上的差距，即使弥补了差距，也将出现员工缺乏培训、团队产能不足、管理失去控制、企业文化被稀释等问题。

这时，HRD 就开始思考如何通过提升组织运转效能的方式来达成目标。HRD 多次与企业高管开会讨论，最终找到了突破点。为了避免与 58 同城在城市中进行正面对抗，赶集网决定加大对全国乡镇的直销布局，同时在城市不进行直销扩张，而是以招商的形式来发展众多销售渠道，以此来对抗 58 同城庞大的直销团队。

最终，赶集网通过对"组织和结构"的调整得到了快速发展，并在当时给 58 同城造成了很大的竞争压力。

从上面这个案例可以看出，"组织和结构"与现阶段目标是密不可分的。因此，政委在诊断这一"盒子"时，不能单纯地分析当前的"组织和结构"是否合理，而是要将"组织和结构"与现阶段目标进行匹配，判断"组织和结构是否清晰、明确"和"组织运转的效能如何"，这样才能保证组织得到快速发展。

在诊断"组织和结构"时，政委可以和业务主管一起针对以下问题进行深入的分析和探讨：

- 我们现有的组织结构和业务结构是怎样的？
- 它们能否支撑业务目标的达成？
- 在组织结构中，哪些是重点部门或团队？

- 各部门或团队的管理者能否胜任当前的工作？
- 是否需要培养或招募新的管理者？
- 有没有重叠或遗漏的业务板块？
- 各个业务部门或团队当前的进展如何？

……

在对这些问题进行分析和讨论的过程中，政委和业务主管要对造成问题的原因和解决方案达成一致。如果出现分歧，政委和业务主管要用**数据结果和实际案例**作为依据，各自阐明理由，并在充分讨论后形成统一的意见。

3. "盒子"三：流程和关系

政委在确定好"组织和结构"后，要对组织中的**"流程和关系"**进行梳理和诊断。很多时候，员工或团队无法达成业务目标，往往是业务流程和工作关系混乱造成的。

在业务工作中，员工与员工、部门与部门之间常常出现各种各样的矛盾和冲突。比如，研发部门抱怨产品部门提出的想法无法在技术层面上实现，产品部门抱怨研发部门开发的程序漏洞太多，运营部门抱怨产品部门和研发部门提供的支持不够。

这些冲突就说明团队的**"流程和关系"**出现了问题。因此，政委要对其中的许多问题进行深入的思考，比如团队内部的业务关系是什么，如何设计工作流程才能提升团队效率，员工与员工、部门与部门之间的沟通是否通畅等。这些问题都可以通过"流程和关系"这一"盒子"找到答案。

(1)"流程和关系"的诊断内容

阿里政委在诊断"流程和关系"时，诊断内容分为两个部分，一是**"组织中的各部分如何一起工作"**，二是**"工作的流程、关系**

和氛围是什么"。

就像前文提到的例子,许多互联网企业常常出现产品部门、研发部门、运营部门相互"甩锅"的情况。但是,如果政委能够了解这些部门是如何一起工作的,并且重新拆解这些部门的工作流程、关系和氛围,就能找到相应的措施化解部门间的矛盾,让业务工作平稳进行。

(2)"流程和关系"的诊断依据及落地方法

在诊断"流程和关系"这一"盒子"时,阿里政委会从**"流程和关系是否清晰、明确""大家的合作是否通畅"**这两个方面入手,找到造成问题的本质原因。

那么,阿里是如何让组织的流程和关系变得清晰、明确的呢?

在阿里旗下的菜鸟网络成立初期,为了解决产品部门、研发部门和运营部门之间的矛盾,菜鸟网络的政委和高管深入讨论三个部门的分工与合作方式,并对三者的整体工作流程、关系和氛围进行仔细的梳理和拆解,最终确立了"三位一体"工作模式。

所谓"三位一体"就是研发部门、产品部门和运营部门都要参与彼此的决策环节,让三个部门彼此了解决策是如何产生并落地的。这种方法提高了部门与部门间的沟通与合作的效率,让工作流程变得清晰、明确,同时也让整个菜鸟网络团队呈现出积极向上的氛围。

从上面的案例可以看出,阿里政委对组织中的团队或员工的工作流程、关系和氛围的拆解和梳理十分重要。政委只有深入了解团队或员工的具体工作,找到组织各部分的连接点,才能构建出清晰、明确的"流程和关系"。

之后,政委还要判断在这一"流程和关系"下,**"大家的合作是否通畅"**。很多时候,政委不能将看问题的角度局限于当前组织架构下的工作流程和分工中，还要思考是否可以通过**对组织架构的改变**来提高合作的效率。

2015 年，马云带领企业高管到芬兰移动游戏公司 Supercell 参观、考察。这家公司开发了《部落冲突》《皇室战争》《海岛奇兵》等全球热门游戏。

令人惊讶的是，这家不到 200 人规模的公司每年获得的利润高达十多亿美元，有着极高的人效。在参观的过程中，马云发现，这家公司中每个游戏开发团队都不超过 10 人，而公司之所以能以小规模的团队获得很高的利润，是因为他们运用一种叫作"中台"的管理模式。

原来，Supercell 公司在对组织进行"流程和关系"的诊断时发现，每个开发团队常用的游戏算法基本都是固定的，如果将这些固定的游戏算法形成统一的工具提供给所有游戏开发人员，那么工作效率将得到很大的提升。于是，Supercell 公司成立了"中台"部门，专门为所有游戏开发团队制作固定的工具，满足他们的开发需求。

Supercell 公司对组织的"流程和关系"的梳理与调整给了马云很大启发。回到阿里后，马云也开始推行"中台"管理模式。不久后，阿里通过"中台"部门研发出会员中心、商品中心、交易中心、支付中心等模板，以此满足 1688、淘宝网、聚划算、闲鱼等电商平台的工作需求，从而极大地提升了阿里的人效。

从上面的案例可以看出，很多时候政委不能将注意力局限在当前已有的部门或人员配置上，还要围绕如何让"流程和关系"更加通畅这一点重新调整组织架构，从而加强组织间的合作，帮助企业不断提升人效。

在诊断"流程和关系"时，政委可以对不同部门或团队的员工

进行以下提问,以此来了解真实情况:

- 团队内部的协作关系是怎样的?
- 在设计业务流程时,我们是否在寻求让组织各部分获得共赢的方案?
- 团队是否具有坦诚开放的氛围?

……

政委也可以制作一个**"流程和关系"诊断表**(见表3-2),让员工对表中的内容打分,从而获得更为准确的反馈。

表3-2 "流程和关系"诊断表

关系层次	依赖程度	关系质量	冲突管理
个人—个人			
部门—部门			
个人—工作			

通过诊断表,政委可以把抽象的"流程和关系"量化,并从中找到具体是哪些部分出现了问题。打分结束后,政委还要针对结果和员工进行一对一的沟通,了解更加具体的情况和案例,并针对问题进行"流程和关系"的调整。

政委通过对**"使命和目标""组织和结构""流程和关系"**三个"盒子"的诊断,一方面可以了解并掌握业务的整体情况,另一方面也可以挖掘出业务问题背后的真正原因并加以调整和改进。

3.5.3 团队怎么样?评估"盒子"四、五、六

政委的一大职责就是促进团队的和谐与发展,进而使团队达成业务目标。因此,找到团队中的问题并加以解决就成为政委的重要

工作。

但是在实际的业务工作中,造成团队出现问题的原因十分复杂,并且许多问题的本质原因隐藏在一些细节之中。政委要想"揪"出这些本质原因,就需要对团队情况进行全面、详细的诊断。

在"六个盒子"中,**"奖励和激励""工具和支持""管理和领导"**就可以帮助政委找到团队问题的原因所在(见图3-9)。

图3-9 团队诊断方式

1."盒子"四:奖励和激励

对于阿里政委来说,**"奖励和激励"**往往是激发员工工作热情和动力、提升团队氛围和士气的重要工具。因此在"六个盒子"中,"奖励和激励"是政委在团队层面需要着重诊断的"盒子"。

(1)"奖励和激励"的诊断内容

在诊断"奖励和激励"时,阿里政委会关注两个诊断内容,一是**"如何激发员工的动力"**,二是**"奖励和激励的内容、形式和效果是什么"**。

阿里政委十分重视"奖励和激励"的作用,因为他们知道成功的奖励、激励制度和方法可以让员工向着目标不断前进。阿里政委不仅重视对员工进行物质奖励,还十分注重为员工带来精神上的奖励。

每当员工做出成绩的时候,阿里政委都会及时组织**分享会**,让员工将自己的成功经验分享给团队的其他成员。这种形式一方面能够将优秀的方法在团队中快速复制,另一方面也是对获得成绩的员工的一种认可与支持,为他们带来精神上的鼓舞。

同时,阿里每年还会举办**"亲友日""集体婚礼"**等活动,让阿里人及其亲友共同感受阿里文化和阿里精神。这些活动也是精神激励的有效表现形式。

因此在诊断"奖励和激励"这一盒子时,政委需要思考"如何激发员工的动力"以及"奖励和激励的内容、形式和效果是什么"。其实很多时候,政委认为有效的"奖励和激励"措施却会给员工带来心理上的负担与伤害。

在培训的过程中,我常常会听到一些 HR 抱怨团队中的员工不配合自己的工作,总是找借口逃避团建活动。在深入了解下,我发现很多 HR 策划的团建活动都是在周末组织员工到郊外烧烤、唱歌。

其实,很少有员工愿意牺牲自己的个人休息时间,头顶烈日,围在火边,汗流浃背地烤肉,还要说一些言不由衷的话语。这种激励形式不仅无法达到效果,还会让员工产生排斥心理。

我还见过有些 HR "别出心裁",让员工到奢侈品店试衣服、看饰品,并和这些并不属于自己的奢侈品合影留念,以此来激励员工努力工作,从而获得更高的收入,实现购买奢侈品的"梦想"。殊不知,这种行为只会严重地伤害员工的自尊心,让员工对企业产生强烈的不信任感。

一个优秀的"奖励和激励"制度或方法应该从员工自身出发,

通过合理的内容、形式来激发员工的工作热情与动力,让他们实现属于自己的梦想,而不是别人强加给他们的"梦想"。

(2)"奖励和激励"的诊断依据及落地方法

在做"奖励和激励"这一"盒子"的诊断时,阿里政委以**"奖励和激励是否清晰、明确""奖励和激励是否激发了员工的正向行为"**这两点作为诊断依据。

政委要了解当前组织是否有清晰、明确的"奖励和激励"制度和方法。在阿里,政委每年都会在讲解业务战略的过程中向员工反复强调重点的奖励方向,以此来引导员工的努力方向,激发他们的热情和动力。

同时,良好的"奖励和激励"能够激发员工的正向行为,而错误的则会引发员工做出负面行为。比如,只注重业绩成果的奖励措施可能会导致员工出现争抢客户资源的行为,这样的行为会给团队带来严重的不良影响。

因此在诊断"奖励和激励"的过程中,政委要从多方面、多角度思考,不能唯结果论。

在做企业培训时,我曾遇到过这样的案例。

某家企业有许多销售团队,这些团队分布在全国的各个城市。其中,上海团队在某一年获得了2亿元的销售业绩,而兰州团队只获得了4000万元的销售业绩。于是,这家企业简单地按照计算公式给上海团队提供了大量奖励,给兰州团队提供了微乎其微的奖励。

奖励措施公布后,兰州团队的员工大量离职,许多其他地区的员工也不愿意调往兰州填补人员缺口。于是,兰州团队不受企业重视的谣言就在员工之间快速传播开来。

面对这种情况,这家企业新上任的人力资源总监向我询问解决方法。我对他说:"你可以尝试运用'六个盒子'找一找问题的根源。"

于是,这名人力资源总监通过"六个盒子"进行组织诊断,发现了企业"奖励和激励"措施的不合理性。

上海团队虽然有着很高的销售业绩,但是客户资源、客户消费水平、市场开发程度等销售环境也是所有团队中最好的。而兰州团队不仅刚刚组建完成,而且面对的销售环境也并不理想,能够完成4000万元的销售业绩已经是一个相当不错的成绩,本应获得更多的奖励。

于是,人力资源总监重新调整了奖励政策,将更多因素加入奖励条件之中,从根本上解决了人才流失和文化危机问题。

阿里有句"土话":**不让"雷锋"吃亏**。政委要本着这一原则来制定和调整"奖励和激励"制度和方法,从而让勤勉的员工获得应有的回报,让他们感受到组织对他们的信任与尊重。同时,正确的"奖励与激励"也可以让那些相对"落后"的员工明确努力的方向,不断向着目标不懈进取。

在对"奖励和激励"进行诊断的过程中,政委可以对"What""Who""How"三个层面(见图3-10)进行系统、深入的思考和分析。

图3-10 "奖励和激励"的三个诊断层面

通过对这些问题的提出和解答，政委可以准确地找到"奖励和激励"中哪些层面存在问题需要解决，哪些层面带来了正向的结果需要保持，进而为团队和员工提供源源不断的前进动力。

2. "盒子"五：工具和支持

政委对**"工具和支持"**这一"盒子"的诊断，可以让团队更加高效地运转，让员工更好地达成业务目标。

(1) "工具和支持"的诊断内容

阿里政委在诊断"工具和支持"时，会以**"当前需要哪些支持和帮助措施""软件支持和硬件支持分别是什么"**为诊断内容。

在对"工具和支持"进行诊断时，政委要明白所有"工具和支持"的提供都要以帮助员工达成业务目标为目的。政委可以围绕业务目标达成来为员工提供相应的软件支持和硬件支持。

那么，什么是软件支持，什么是硬件支持？比如，销售部门需要设计部门提供宣传物料，需要研发部门提供线上销售平台，这些都属于软件支持；而工作环境的提升、生产设备的升级则属于硬件支持。

政委要时刻关注团队内部的各方面需求，**以达成业务目标为目的，以统筹规划为手段，**更好地满足不同团队、不同员工的工作需求。

(2) "工具和支持"的诊断依据及落地方法

阿里政委对"工具和支持"的诊断依据为**"工具和支持是否帮助业务成功""工具和支持在执行的过程中是否有效"**。

政委要明白，"工具和支持"的制定要**紧密围绕团队业务**进行。很多时候，后台部门提供的一些工具和支持可能对于本部门来说有助于优化工作流程，但是对于业务部门来说却会阻碍工作进展。

在支付宝成立的初期阶段，财务部门出于财务流程的严谨性，制定出条件相对苛刻的交易手续。对于财务部门来说，这样做可以减少本部门的工作量，有效提升工作效率。但是，过于苛刻的交易手续却给销售团队带来了麻烦。很多客户因为烦琐的交易手续放弃与支付宝进行合作。

一段时间后，销售团队将谈判受阻的原因提交到当时的支付宝CEO、阿里集团首席人才官彭蕾手中。发现问题的彭蕾很快出面进行部门间的协调。她指出"工具和支持"要围绕组织业务来制定。

于是，她要求财务部门简化交易手续，让这一阶段的财务流程为业务发展让步，从而更好地支持业务部门的工作。同时，支付宝有着"因为信任，所以简单"的企业文化，对财务流程和交易手续的简化也使财务部门在文化方面与企业保持了一致。

在对"工具和支持"进行诊断时，政委要以高维度的组织视角挖掘问题，不可以将目光局限在某一部门或某一员工上。很多时候，有利于单一组织部门的"工具和支持"对于其他组织部门来说却会造成工作上的阻碍。因此，政委要尽可能**以业务发展为出发点**，协调好各个组织部门的"工具和支持"。

"工具和支持在执行的过程中是否有效"也是政委对这一"盒子"进行诊断的重要依据。政委要思考以下问题：

- 围绕"工具和支持"形成的机制由谁来监督和执行？
- 这些"工具和支持"是否有效落地？
- "工具和支持"落地的效果如何，是否提高了员工的工作效率？
- 员工对"工具和支持"的反馈如何，反馈由谁来收集？
- 组织还需要哪些"工具和支持"，这些"工具和支持"何时提供？

……

政委可以通过对这些问题的深入思考和调查研究,判断出"工具和支持"的有效性,找出其中的本质问题并加以解决。

3. "盒子"六:管理和领导

"六个盒子"中的最后一个"盒子"是**"管理和领导"**。这一"盒子"非常关键,决定着前面五个"盒子"能否有效地串联在一起。

"管理和领导"有着重要的导向作用。没有"管理和领导"的**统筹与调控**,前面的五个"盒子"就会失去作用与意义。政委要想让组织得到持续、良好的发展,就要发挥出"管理和领导"的正向作用。

(1)"管理和领导"的诊断内容

阿里政委在诊断"管理和领导"这一"盒子"时,重点会关注两个诊断内容,一是**"管理和领导如何维持其他'盒子'的平衡"**,二是**"管理和领导应达到怎样的水平"**。

小到一个部门,大到一个集团,"管理和领导"都要起到统筹与调控的作用,这样才能维持其他"盒子"的**平衡**。有些企业存在这样一个问题,每个团队和部门都有相应的管理者,但是这些管理者各自为政,无法形成统一的整体,最终导致各团队和部门无法形成合力,让组织的整体工作犹如一盘散沙。

因此,政委要想让"管理和领导"维持其他"盒子"的平衡,关键在于让所有管理者形成一个紧密的管理团队。这样做可以让组织内部的大部分决策得到**统一**,让组织各个部分有机地**结合**在一起。

阿里在每个大区都会建立"核心管理层"。以华南大区为例,这一大区有 6 名高管,这 6 名高管一起组成华南大区的"核心管理层"，从而形成一个紧密团结在一起的管理团队。

在做出重大决策的时候，6名高管在员工面前的发声会保持一致，让组织中的所有成员得到相同的信息，以此避免团队间因信息的不对等而出现误会与摩擦。同时，这6名高管也会及时共享自己收集到的反馈信息，从而在宏观层面上进一步制定出新的决策。

这种"核心管理层"模式在很大程度上打通了组织间的壁垒，让组织真正成为一个运转高效的统一整体。

从上面这个案例可以看出，"管理和领导"要形成统一的整体，这样才能发挥出应有的作用。在某个部门需要进行关键决策时，政委可以尝试让其他部门的管理者参与进来，从而推动符合**大局观**的决策的制定与推行。

"管理和领导"所需达到的水平要视当前的业务需求和组织规模来决定。例如，当前的业务模式以线上运营为核心，那么"管理和领导"就要匹配相应的能力来帮助线上运营业务的推进。如果当前组织需要扩大规模，那么"管理和领导"就要匹配更好的组织架构能力。

(2)"管理和领导"的诊断依据及落地方法

根据上述两点诊断内容，阿里政委会通过**"管理者和政委是否获得其他'盒子'的反馈""管理者和政委的调节手段是否有效"**这两点作为诊断依据。

政委要判断"管理者和政委是否获得其他'盒子'的反馈"，关键要看组织是否具有**自下而上**的反馈机制。政委可以针对"六个盒子"制作出相应的**问卷调查表**（见表3-3），定期发放给员工填写，并将调查结果提供给相应的管理者，并与管理者一起分析和讨论，从而发现组织中存在的问题。

表 3-3 "六个盒子"问卷调查表

维度	子项	问题	评分	备注
使命和目标	使命驱动	你是否清楚企业的产品和服务给客户带来的价值？		
	战略清晰	你是否清楚团队的业务方向和工作目标？		
	目标明确	团队的目标是否让你感到兴奋？		
组织和结构	组织结构	你是否清楚自己的职责和权限？		
	职责明确	团队是否出现过因为职责边界不清晰而导致的冲突？		
	团队效能	这个月的团队工作进展是否令你满意？		
流程和关系	流程清晰	企业的业务流程是否清晰？		
	团队协同	你是否清楚自己的工作对相关业务的影响？		
	团队氛围	在业务讨论中，团队成员是否坦诚沟通？		
奖励和激励	资源充足	你有没有因为资源不足而导致工作延误？		
	组织保障	你的工作是否得到其他部门的支持与帮助？		
	制度流程	企业的制度和流程是否对业务有支持作用？		
工具和支持	文化清晰	你是否清楚企业的做事标准和做人标准？		
	激励有效	企业能否激励你努力工作？		
	公正公平	你在工作中是否曾被认可和表扬？		

(续)

维度	子项	问题	评分	备注
管理和领导	领导才能	管理者中是否有让你欣赏和佩服的人？		
	管理细节	你的工作是否得到主管的有效支持和帮助？		
	反馈渠道	你是否曾向管理者反馈问题或提出建议？		

同时，政委要和管理者一起及时对"六个盒子"进行全面的诊断。众所周知，当今的市场环境常常面临快速的变化。当市场环境变化时，组织也要进行相应的调整，这样才能跟上时代的步伐。因此，政委要通过"六个盒子"不断诊断业务，这样才能更好地帮助组织快速发展。

要判断"管理者和政委的调节手段是否有效"，政委需要在其他五个"盒子"调节之前记录关键数据和实际案例，并在调节后将其与新的数据和案例进行对比。

比如，政委需要通过调节"奖励和激励"这一"盒子"来调动销售人员的积极性。在调节前，政委需要记录当前销售人员的客户拜访量、转化率、续费率等数据。在调节后，政委需要对这些数据进行整体对比。如果数据均有所提高，说明调节手段是有效的；如果只有其中某一数据过高或者过低，说明调节手段出现了问题，政委需要对其进行重新调整。

政委在诊断"管理和领导"时，要不断思考以下问题：

- 团队需要什么样的管理？
- 团队需要什么样的领导力？

- 我们通过怎样的机制收集反馈?
- 我们有哪些提升管理的方法?

……

政委对这些问题的挖掘有助于把握"管理和领导"的正确方向。

在"六个盒子"的帮助下,政委可以**快速**、**系统**地认清业务和团队的现状,同时找到改进的方法和策略,将现在与未来有效地连接起来。在运用"六个盒子"诊断业务的过程中,政委可以通过对业务和团队各个角度的分析反观自身,从而快速熟悉业务的框架和结构,明白自己在团队中的位置与职责。

政委还要注意,"六个盒子"的内容是高度关联的,会**牵一发而动全身**。任何一个"盒子"出现问题,都会导致其他"盒子"也出现问题。因此,政委在使用"六个盒子"的时候,切不可只看部分而忽略整体。

业务就像人的身体一样,由各个重要的部分组成,缺一不可。"六个盒子"就像一张业务的解剖图,能够帮助政委了解团队应如何运转、业务存在的核心问题是什么以及这些问题应如何解决。政委通过对"六个盒子"的逐一分析和诊断,能够找到业务整体的内在关系和关键症结所在,从而帮助业务和团队得到更好的发展。

第4章
推文化：政委如何做好文化的"布道官"和"传承者"

阿里政委是阿里文化的"布道官"和"传承者"，而推文化也是阿里政委的重要职责。阿里政委会通过推文化的方式赋能员工的发展，通过八大工具让阿里文化"由虚到实"，真正扎根于组织、团队和员工之中。

4.1 政委如何做好文化的"布道官"

阿里政委最重要的职责之一就是推文化。所谓推文化,就是向新员工推广、宣传企业文化,让每一个进入阿里的人身上都具有浓浓的"阿里味"。推文化的过程犹如一个"布道官"布道的过程,所以在阿里政委也被称为"布道官"。

什么是"布道官"?

所谓"布道官",就是以企业文化宣传员的角色向员工推广、宣传企业文化,使员工能熟悉、接受、信奉企业文化。

根据这个定义,大家可以知道,"布道"不是单靠理性说服,或用温情感动。布道官在布道的过程中,自己是否认同企业文化,是否以企业文化为中心,是否令人信而接受,都极其重要。

文化"布道"有多重要?为什么阿里要让政委来承担企业文化的"布道"工作?

有的企业会忽视企业文化的作用,被短期的利益蒙蔽双眼,久而久之令组织内部出现各种各样的问题。我为许多企业进行过咨询和培训,遇到过一些不重视文化"布道"的高管和HR。

曾有一家企业的高管向我讲述了他的经历。他所在的企业是一家互联网创业企业,在创立初期需要大量有经验的人才来帮助企业快速建立业务模式。因此在这一时期,他和HR将工作重点放在了招聘和培养业务能力方面,但忽视了对员工的价值观"布道"。

在招聘过程中,这名高管遇到了一个有着国有企业管理经历的应聘者。他非常看重应聘者的工作能力,于是在既没有考察其价值观,又没有对其进行价值观"布道"的情况下,就让对方担任了重要的管理职务。

没过多久,两个人就在工作中因为工作理念、价值观的不合发生了大量的冲突和争吵。来自国有企业的新人认为做所有决策时都要谨慎为重,不能贸然"拍板";而这名高管则认为市场环境瞬息万变,在做决策时要"敢想敢干",要展现出互联网人的创新精神。尽管两个人可能都没有错,但一家企业不能同时奉行两种相悖的价值观。最后,文化和价值观的不合让两人不欢而散,也让企业在一段时期内陷入了不必要的争端中,耽误了企业发展的时机。

从此,这名高管开始重点培养员工的价值观,努力让员工具有和企业相符的"味道"。

从上面这个案例可以看出,企业文化的贯彻和传播对组织发展有着重要的意义。因此,政委在工作中要发挥出"推文化"的作用,做好企业文化的"布道官"。

阿里政委如何"布道"企业文化?

在阿里,政委会通过**闻、培训、实战**这三个步骤(见图4-1)对阿里文化进行"布道",让员工更好地认知、理解并认同企业的文化和价值观,从而在工作中展现出与企业相符的"味道"。

图4-1 政委做好文化"布道官"的流程

4.1.1 闻：招聘有"阿里味"的人

马云常说：**"每个公司都有自己的味道，招人一定要'闻味道'。"** 所以，阿里政委在招聘的时候非常注重"闻味道"，以此找到具有"阿里味"的人。

所谓"味道"指的是**文化和价值观**。在招聘时，阿里政委会重点考察应聘者是否具有与企业文化相匹配的价值观，是否与企业志趣相投、志同道合。

阿里为什么强调要招聘有"阿里味"的人？因为在招聘方面，阿里走过许多弯路。

在阿里成立初期，由于业务需求，马云四处招揽人才。当时，只要业务能力够"硬"的人就能到阿里工作。但是，这些人才并没有给阿里带来正面的变化，反而"腐蚀"了阿里原有的价值观与企业文化。

有些所谓的"高端人才"，担任着很高的职位，拥有良好的薪资待遇，但是缺乏敬业精神，只考虑自己的利益，不考虑企业和团队的利益。如此一来，阿里不仅付出了高薪却没有得到相应的回报，而且连原本兢兢业业的老员工，都开始效仿这些人，不再愿意为企业付出。

马云在发现这些问题后，立即辞退了这些"高端人才"，并进行了深刻反思。他发现，阿里需要的不仅是业务能力出众的人才，更需要能够给企业带来长远发展的人才。于是，他要求阿里政委和管理者在招聘时，不仅要考察应聘者的技能水平，还要考察他们的价值观。

正是马云做出的改变，让阿里长期保持着良好的企业文化和价值观。阿里原CEO卫哲曾评价这一改变："**过度地强调技能，忽略**

非技能因素，这是跨国公司经常犯的错误。阿里也犯过，不过纠正得快，而且非常坚决。"

阿里政委明白，只有价值观相近的员工在一起工作，团队才能形成凝聚力，企业文化才能不被"稀释"。因此在招聘过程中，阿里政委担任起**"闻味官"**的角色，负责考察应聘者的价值观是否与企业相符。

"闻味道"是阿里政委重要的**人才选拔工具**。在招聘前，阿里政委会先通过"闻味道"了解团队本身散发着怎样的"味道"，然后将这些"味道"与企业文化相结合，以此为标准寻找那些具有相同"味道"的人才，从而让新人能够与团队**"一条心"**。

在"闻味道"时，政委不能过于看重应聘者的学历、业务能力、工作经历，而应以应聘者的**言行**作为判断其"味道"的主要依据。例如，阿里政委会通过"你向往怎样的工作环境和工作氛围""什么事情会给你带来压力"等与业务能力无关的问题，来判断应聘者的"气味"，以此找到具有责任感、抗压能力强的人才，同时避免价值观不匹配的人进入企业。

我在为一些HR进行培训时发现，有些HR认为与应聘者聊人生、谈理想就可以了解应聘者的价值观是否与企业文化相符，这种看法是非常片面的。比如在面试时，HR如果问应聘者类似"你能吃苦吗""你的人生目标是什么"的问题，应聘者可能会为了获得工作机会而隐瞒内心真实的想法，从而说出一些"冠冕堂皇"的话。

价值观能够展现出一个人的观点和态度，而这些观点和态度最终会体现在这个人的行为上。应聘者可以去粉饰自己的观点和态度，但是却很难隐藏自己的行为。因此在"闻味道"时，政委不能以空泛的问题来考察应聘者的价值观，而应将问题落实到应聘者的行为上。

比如，我在面试销售人员的时候，会问以下问题来考察应聘者的价值观：

你平时看哪些销售类书籍？看这些书籍的原因是什么？

你能分享一下你印象最深的一次销售经历吗？

你是否遇到过工作开展特别困难的时候？这时你是怎么解决的？

请你举一个例子说明你是如何洞察客户的痛点和需求点的。

在之前的工作中，让你感到压力最大的一件事是什么？你是如何克服压力的？

……

我所提出的这些问题都是建立在价值观基础上的，能够通过应聘者描述的具体行为考察其真实的想法，这就是**行为面试法**。比如，如果应聘者表示自己没有读书学习，那么他很有可能并不热爱销售这一行业，之后政委也很难驱动他的内心，难以让他更有动力地去工作。

所以在设计面试问题时，政委可以添加一些比较尖锐的问题或者设计具体的场景来引出应聘者最真实、最能体现其价值观的观点和想法。

4.1.2　培训：文化价值观培训

有些企业只注重对员工专业技能的培养，忽视了对其文化价值观的培训。这种做法会造成新员工无法很好地融入团队，老员工难以保持原本良好的价值观，久而久之团队就容易出现一些"走偏"的行为。

在一次培训课程中，一家企业的 HR 向我大倒"苦水"。他表示，自己所负责的部门能够招进大量的新人，但是这些新人大多"熬"不过试用期就会主动离职，留下的新人也常常出现我行我素、不服从指挥的情况。

我问这名 HR："你是否对新员工进行了培训，培训内容是否包含企业文化方面的内容？"这名 HR 表示，自己会定期让部门主管向新员工讲解业务技能和企业产品方面的知识，但是对企业文化只做非常简短的介绍。我说："这可能就是你所遇到问题的根本原因。"

阿里人力资源部门曾做过调查，调查结果显示新员工要经过 **1～3 个月**才能真正融入企业，认同并理解企业文化。如果新员工没有得到很好的文化价值观培训，就会出现人才流失、企业文化被"稀释"等不利情况。

为了让阿里的文化得到贯彻和发展，马云曾亲自为阿里的新员工打造出"百年大计"培训体系。所有新入职阿里的员工都会到杭州总部参加为期 20 天至 30 天的"百年大计"培训。在"百年大计"培训阶段，新员工会接受文化制度类、技能心态类、产品知识类三个种类的培训，这三种培训的占比分别为 42%、28%、30%。

阿里对新员工文化制度类的培训占比最大，从中可以看出阿里对贯彻企业文化的重视程度。

在马云看来，建立新员工的价值观比提升其业务能力更为重要。他说："你可以带来客户，也可以带走客户，如果你不能接受阿里的价值观，不能和阿里的团队配合，即便你能带来 100 万元的销售收入，阿里也不要。如果说公司要以赚钱为目标，那就麻烦了。我们说，**为赚钱而赚钱一定会输**。我们公司所有的策略、战略都基于价值观。如果我们新来的员工业绩不好，没关系。如果违背我们的价值观去骗客户，好，你就一句话也不要讲了。**不要说你，我也要'死'了。"**

大家可以从马云的话中看出，对新员工价值观的培训往往决定了企业的未来发展。因此，政委在新员工入职后，要制定好价值观培训计划，建立起价值观培养体系。政委可以针对企业的发展历史、使命、愿景、价值观等内容向新员工讲解企业文化，并在之后的培训课程、团建活动中反复强调这些内容，从而让企业文化扎根于每一个新员工的心中。

4.1.3 实战：以师带徒

阿里政委在对新人进行企业文化培训的过程中，除了系统地进行文化价值观培训外，还会通过多种多样的实战形式来传播阿里的企业文化，培养新员工对企业文化的认同感，让新员工的价值观尽可能符合企业的要求。

在众多实战形式中，以师带徒的**"师徒制"**非常具有实战价值，能够让新员工更加直观、快速地认知并理解企业文化和价值观。在阿里，新员工被分配到各个地方团队后，会由阿里政委和主管为他们进行丰富的培训，并指派老员工对他们进行一对一的辅导。

在日常工作中，"师父"会通过言传身教的方式来示范正确的工作行为，将企业的规章制度、文化价值观等内容渗透给新员工，"手把手"地让新员工正确掌握工作规范，并对他们的违规倾向及时加以制止、提醒和纠正，从而让新员工能够更好地与企业文化连接起来，更快地融入企业和团队。

政委可以借鉴阿里这种"师徒制"的文化培养形式，通过以师带徒让新人在实战中获得经验和成长。

4.2 政委如何做好文化的"传承者"

在推文化的过程中,阿里政委会努力担任好企业文化**"传承者"**的角色,让企业文化落实在组织的方方面面,让"阿里味"体现在每个员工的身上。

马云说:**"阿里让人记住的不是淘宝,而是阿里的价值观和文化。"**这也是阿里获得成功的重要原因。

有些企业能够在短时间内让人们记住其推出的产品,但是当产品的热度消失后,人们就会忘记这家企业。而像阿里、华为、格力、苹果、谷歌等大力倡导企业文化和价值观的企业,则会让人们产生更强的认同感,同时也对其推出的产品产生浓厚的兴趣。这也是企业注重文化传承的意义所在。

对于我来说,阿里前COO(首席运营官)关明生是阿里文化"传承者"的典范和榜样。当我还只是大区总经理的时候,关明生就非常关心我的成长,会在繁忙的工作中"挤"出时间对我用心地辅导,在我做出成绩的时候会及时肯定我的积极变化。

关明生曾给我写过书信和藏头诗(见图4-2、图4-3),时而表达他为我的成长感到高兴和欣慰,时而提醒我"勿忘自我"、保持初心。这些来自核心高管的关心不仅成为我努力奋进的一种动力,同时也影响着我的工作方式,告诫我也要用心培养员工,要"视人为人",要将来自关明生的这种无微不至关怀下属的文化传承下去。因为关明生说:**"最好的感恩就是传承。"**

图4-2 关明生写给我的书信　　图4-3 关明生为我所作藏头诗

在阿里,"传承"是阿里人常常提及的"高频词汇",而在阿里文化传承的过程中,阿里政委又起着非常关键的作用。为了不让阿里的文化建设沦为"做标语""喊口号"的形式化流程,阿里政委努力将阿里文化融入管理制度和实际工作之中,让阿里文化真正落到实处。

4.2.1 为什么阿里"高层不谈文化"

阿里有句"土话":**高层不谈文化**。这句"土话"从字面意思看似乎与阿里注重企业文化和价值观的理念相悖。其实,"高层不谈文化"的真正含义是阿里高层对文化不能高谈阔论,不能走形式主义路线,而要**言行一致、行胜于言**。

有些企业会出现"本末倒置"的现象,高管们每天"大谈特谈"企业文化,带着员工们一起喊口号、"打鸡血",但是在管理制度和实际工作中企业文化却形同虚设,员工们仍然会出现争抢客户、"吃回扣"、恶意竞争、"山头主义"等不良行为,这些不良行为也无法通过管理制度根除。对于这种现象,我将其称为**"文化脱节"**。

阿里的"高层不谈文化"并不是在忽视企业文化的重要性，而是在强调企业文化不能只是形式，而应通过**制度设计**和**制度约束**的方式进行贯彻和落实。对于企业来说，如果没有制度的保障，如果不能将文化落在行动上，那么企业文化将会沦为"空谈"。"高层不谈文化"就是在提醒阿里高层和政委，文化不能停留在**言谈**上，而应落实在**行动**上。

阿里"高层不谈文化"具体体现在两个方面，一是阿里高层和政委要以身作则，二是阿里高层和政委要通过制度来落实文化。

对于阿里高层和政委而言，文化不能停留在口头上的高谈阔论，不能"嘴上说一套，背后做一套"，而是要做到言行一致，自律地通过自身行动贯彻企业文化，从而起到以身作则的示范效果。

同时，阿里高层和政委也要学会通过制度手段来维护企业文化的"尊严"，让文化真正成为指导员工行为的有效工具。

在阿里，推文化的一个重要"抓手"就是"抓制度"。如果员工出现违反制度的问题，阿里高层和政委不能替员工求情，即使之后要面对业绩损失、人员短缺等危机，也应严格按照制度对违规人员进行严肃处理。这一点在曾经轰动阿里上下的"黑名单"事件中就有着突出体现。

2010年，阿里爆发了"黑名单"事件。所谓"黑名单"，就是被阿里列入"中供"产品禁售黑名单的欺诈客户。

当时，由于新员工大量涌入、监督制度不完善、高层对基层状况了解不充分等种种问题，一种"为了短期利益可以不择手段"的"文化"开始在阿里内部滋生。这就导致阿里的一部分销售人员甚至 Top Sales（销售冠军）为了提高自己的业绩和收入，签下了大量骗子客户，让这些不法分子避开阿里的供应商认证体系，并在国际交易市场上开设用于欺诈买家的企业商铺。这些销售人员的行为严重违反了阿里的价值观,也使阿里陷入巨大的信任危机之中。

面对这一事关阿里"生死存亡"的问题,马云承受着巨大的决策压力。马云知道,要想从根本上维护阿里好不容易建立起来的制度和价值观,最好的方法就是将所有涉事人员及对此事负有责任的管理者全部开除,但是这样做可能会让阿里陷入更大的危机之中——本就"十个桶五个盖"的管理人才会更加短缺、业绩将大幅度下降、人心将一时涣散等。

但是,阿里"高层不谈文化",无论是马云还是其他高管都要行胜于言,在制度面前没有妥协的余地,否则就会丢失阿里的根与本。于是,马云痛苦地做出决定,上到 CEO、COO,下到涉事的所有销售人员,要全部离开阿里。

当时,马云对卫哲这样说:"如果现在我不这样做(CEO 卫哲、COO 李旭晖引咎辞职),6 个月后,那 23000 名阿里集团的员工,就该开除我了。"

在决定落实后,阿里在大半年间业绩大幅度下滑,每个主管从本来带 10 个人,变成带 20 个人,工作压力倍增,但是这些危机阿里人都挺了过来。如果当时没有做出这个"霹雳"决策,阿里早已不是阿里,很难有今天的发展。这就是在眼前利益和长期发展之间的平衡,在业务和价值观之间的取舍,在现实与理想之间的博弈。

阿里高层和政委从不空谈文化,而是将文化落实在制度层面,然后"铁面无私"地履行制度。在阿里,作为文化"传承者"的阿里政委就会重点负责企业文化和价值观的贯彻和落实,协助高层管理者将企业文化融入管理制度中。

要想让企业文化很好地融入管理制度之中,政委要通过"六个一致"(见图 4-4)进行制度设计和制度约束。

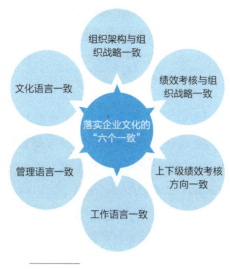

图4-4 落实企业文化的"六个一致"

1. 组织架构与组织战略一致

政委要明白,组织架构要与组织战略保持一致,这样有利于企业文化更好地落实。如果组织架构与组织战略相背离,就会造成组织内部的混乱。

比如,企业正处于"休养期",整体战略是提高企业在客户群体中的口碑。这时,政委要在组织架构和人员分配方面侧重于客户服务,倡导"客户第一"的价值观。如果政委忽视组织战略,加大销售岗位的占比,就会造成团队发展方向和目标的混乱,内部出现争执,团队氛围变差,企业文化受到负面影响,最终阻碍组织的整体发展。

2. 绩效考核与组织战略一致

政委要想落实企业文化,需要确保绩效考核与组织战略保持一致。组织战略往往是由企业的使命、愿景和价值观构成的,因此在绩效考核的过程中，政委就要针对使命、愿景和价值观设计相应的考核项目。比如阿里为了贯彻企业文化，使用双轨制绩效考核制度，对员工的业绩和价值观进行双向考核，从而保障企业文化的有效落实。

3. 上下级绩效考核方向一致

政委在设计绩效考核制度和流程时，一方面要将企业文化融入绩效考核制度中，另一方面要确保上级主管和下级员工的绩效考核方向是一致的。如果上级主管使用的绩效考核标准没有提前告知员工并让员工深刻理解，那么员工不仅会缺乏正确的工作方向，正会导致员工的工作行为和工作结果很难符合上级主管的要求。

因此，政委要提前让上级主管和下级员工针对绩效考核的标准和方向达成共识，从而确保企业文化能够在组织的各个层级以绩效考核的形式加以贯彻、落实。

4. 工作语言一致

在企业中，从上到下各个层级的成员应保持一致的工作语言。无论是工作的呈现、表达，还是解读、沉淀，企业中的所有成员都要具有认知和执行的一致性，从而形成组织统一的**"味道"**。

阿里通过**阿里"土话"**来保持工作语言的一致。阿里人在相互沟通的过程中，常常会通过阿里"土话"来传达各自的想法和意见。阿里人这样做一方面可以降低沟通成本、提高沟通效率，另一方面也可以不断加强企业文化的传播，提高企业文化的影响力，让"阿里味"体现在每一个阿里人身上。

政委可以通过日常收集、评选活动、开会讨论等形式制定一套符合自身企业的工作语言，让企业文化渗透进工作的细小环节中。

5. 管理语言一致

作为管理者的搭档,政委要帮助管理者建立统一的管理语言,让管理者的管理决策与企业文化所倡导的方向保持一致。

管理语言如:

没有过程的结果是垃圾,没有结果的过程是'放屁'。
无替补不晋升,无培养不合格。
今天的最好表现是明天的最低要求。
马上做,做精彩。
……

在工作过程中,政委要和管理者及时进行沟通,讨论管理决策是否与企业文化相符。如果政委发现管理者的决策有悖于企业文化,就要及时提醒和纠正管理者,从而保证企业文化在管理层面得到落实。

6. 文化语言一致

企业文化往往是企业在做出决策、解决问题时的重要依据。比如,当出现股东、员工、客户的利益发生冲突时,企业就需要以企业文化作为依据判断应如何进行决策,应优先维护哪方面的利益。阿里倡导"客户第一,员工第二,股东第三"的价值观,因此在面对这种问题时会按照这一价值观的顺序来进行决策。

因此,政委要尽可能帮助组织建立起统一的文化语言,让企业的使命、愿景、价值观在文化语言中得到体现,避免组织和员工被利益诱惑、驱使,而忽视长远的目标和方向。

统一的文化语言如:

"唯一不变的是变化。

快乐工作,认真生活。
因为信任,所以简单。"
……

政委如果用好这些统一的文化语言,便能更加方便地传播企业文化、巩固企业价值观。

4.2.2 如何让文化"长"出来

我在为一些企业做咨询时,发现很多时候企业的文化和价值观都是由几个高层管理者一起商量制定出来的,企业文化确定后也不会进行过多的改变。这种做法一方面难以让员工发自内心地认同并理解企业文化,另一方面也忽视了员工在企业文化发展中所起到的作用。

阿里人常说:"文化不是创造出来的,是自己'长'出来的。"

企业文化不仅仅是由企业高层创造出来的,很多时候也来源于员工的良好行为。在企业不断发展的过程中,员工的一些行为会为组织带来正面影响,而这些行为也会成为企业文化的一部分,变成其他员工的行为标准,这是一个 **"文化从员工中来,又回到员工中去"** 的过程。

作为文化的"传承者",政委要善于发现员工的"行为之美",并对这些行为进行提炼和总结,将其升华为企业文化和价值观,最后以制度的形式推广到组织内部,让更多的员工展现出这些良好的行为。

在这一过程中,政委要注重对员工良好行为的表扬和奖励,让员工有充足的动力和热情做出正向的行为,展现出良好的价值观,从而让企业文化自己"生长"出来。

4.2.3 一颗心、一张图、一场仗

对于企业来说,文化、战略和业务是**不可分割的整体**。因此,阿里政委在文化落地的过程中遵循**"一颗心、一张图、一场仗"**的原则(见图4-5),努力将组织、战略和业务融合在一起。

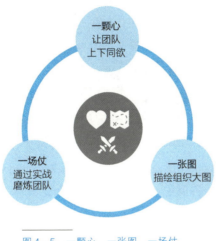

图4-5 一颗心、一张图、一场仗

政委要想让企业文化得到很好的传承,就要看清组织的全景,通过对文化、战略和业务的融合,让组织形成合力,制定出组织的战略大图,带领员工打赢一场仗。

1. 一颗心

"一颗心"指的是组织成员具有相同的价值观,大家在企业文化的指引下,怀着**简单开放、相互依赖**的"心",通过共同奋斗实现目标和理想,上下同欲。

有时,企业会忙于"冲业绩""拿结果",因而忽视了对员工价值观的培养,也忽视了对员工的关怀,虽然企业的业务发展突飞

猛进,但是员工却感到身心俱疲,跟不上企业的节奏。

如果政委和管理者不花费时间和精力去关注员工,"视人为人",那么组织成员之间就很难形成凝聚力,员工无法获得归属感,企业文化也就难以在员工心中"生根发芽"。

每年过年,阿里都会向员工家属寄去"阿里家书",不仅让员工感受到企业对自己的重视,也让员工家属产生归属感和安全感。

对于这一点,我感触颇深。我在阿里任职期间,每到快过年的时候,我的父母都会盼着"阿里家书"的到来,每次路过快递接收站都会向人询问是否有他们的快递包裹。

阿里不仅将在职员工视作家人,还会为离职员工定期举办校友会——"前橙会",希望每一个曾经的阿里人都能"常回家看看"。

马云曾在一次阿里内部讲话中说:"我到纽约参加世界经济论坛,世界500强的CEO谈得最多的就是使命和价值观。中国的企业家很少谈使命和价值观,如果你谈他们会认为你太虚了,不跟你谈。今天,中国的企业缺的正是使命和价值观,所以我们的企业只会变老,不会变大……企业要有统一的价值观。我们的员工来自11个国家和地区,有着不同的文化,是价值观让我们团结在一起,奋斗到明天。"

阿里之所以能够得到快速发展,就是因为所有阿里人都在相同的价值观引导下努力拼搏进取,怀着"一颗心"去完成目标、收获成长、获得成功。阿里政委会努力让团队像家一样温暖,让员工像家人一样相处,从而提高团队的凝聚力和信任感。

政委要想让团队成员"一颗心"就要思考以下问题:

- 我的团队是由怎样的一群人组成的?
- 这群人是否具有足够的默契和信任?
- 这群人是否怀着共同的理想和目标?

- 我应如何调动员工的工作动力和热情?
- 我应如何定义员工的价值?
- 我怎样做才能让团队成员彼此信任?

政委如果能够想清楚这些问题,就能够让不同的人、不同的想法融合起来,让团队形成"一颗心",最终激发出更强的战斗力。

2. 一张图

"一张图"指的是组织的战略大图,而战略大图是由**组织战略匹配业务战略**形成的。阿里政委在制定"一张图"的时候,会根据组织的业务发展需要来调整组织架构,从而让组织战略和企业文化得以落实。

通过多年的企业咨询,我发现一些企业存在的问题是业务战略非常明确,但是没有相应的组织战略进行支撑,因此当业务快速发展的时候,就会遇到组织架构不合理、人效低下、人才短缺等危机,最终造成组织的使命和愿景难以达成。

政委要明白,在进行组织架构调整的时候,需要招聘多少新员工、设立多少新岗位等是由业务战略决定的。如果政委不考虑业务战略就对组织规模进行盲目扩张,很容易为企业发展带来威胁,甚至可能为组织带来毁灭性打击。

阿里人常说:**"一群有情有义的人,在一起做一件有价值、有意义的事。"** 从这句话可以看出,政委在制定组织战略的时候,并不是简单地招聘和调整人员结构,而是需要根据组织的业务需求,让组织成员在相同价值观的指引下向着同一目标努力前进,通过"一张图"来生成组织战略。

在确定"一张图"后,政委还要思考这样一个问题——**员工愿不愿意发自内心地工作?**

每一个员工的内心中都有一团"火",而这团"火"是非常宝贵的,往往能够照亮许多不可预见的未来。当一个员工真心喜欢和热爱自己的工作时,他往往能够展现出很强的奋发之力。

政委要明白,借来的"火"难以点燃员工的内心,只有员工认知到自己的喜欢与热爱,自己将自己"点燃",才能真正迸发出力量。而政委要善于发现这团"火"的存在,努力去赋能员工,让员工内心中的"火焰"越燃越旺,并且形成**"相信的力量"**,从而让"一张图"得以落实,让整个组织在这"一张图"上形成合力。

3. 一场仗

阿里政委常常会通过**"一场仗"**的形式来磨炼团队的文化,通过实战来提高团队的凝聚力。他们会通过精心策划的"战斗",帮助员工找到最真实的自我,从而突破员工自身的极限,激发出他们工作的激情和动力以及进取拼搏的精神。

政委要有能力策划出"一场仗",让员工在"事上磨",让他们通过对目标的追求去超越自我。政委可以通过"战争"来形成团队独有的精神和文化,塑造出一个强大的"军魂",为员工培育出一片成长的土壤,让组织**"从胜利走向胜利"**。

4.3 如何用文化赋能员工发展

当下,赋能已经成为企业管理中的热门词汇,但是"到底应该如何赋能员工"又是许多人谈论的焦点。

有些企业高管和 HR 在赋能员工的时候喜欢拿出"三板斧"——升职、加薪、发奖金。这些物质上的奖励看起来十分诱人,但是如果其他企业拿出更为丰厚的价码来"挖"人才,这种"三板斧"就容易变成"三脚猫"了。

我有着 10 年的管理咨询经验,10 年间见识过许多企业,而有些企业的团队都不能称为"团队",应该叫"团伙"更为贴切。因为我在这些人身上没有看到一个团队应该有的样子,"团伙"中的每个人都在盘算自己的利益,有利则合,无利则散。临时性、不稳定、不长久往往就是物质赋能的主要特征。

文化赋能则不同,它关注的是员工的发展与成长,关注的是员工最根本的价值。很多时候,员工自身的价值得到实现时,心就会和企业连在一起。

在企业和组织中,**人才是最宝贵的财富**。因此,阿里政委在推文化的过程中十分注重文化对员工发展的重要意义。

无论是企业战略还是企业文化,最终都要落实到每个员工的身上,因为只有员工得到成长和发展,企业才能收获价值、实现目标。所以,政委要懂得如何用文化赋能员工发展,如何将文化作为"抓手"来推动员工的进步与成长。

在阿里，阿里政委会通过**"五角星"修炼场域**和**自我超越的内在机制**两种形式来赋能员工。

4.3.1 "五角星"修炼场域

"五角星"修炼场域是由**智慧型组织**概念演化而来的。智慧型组织是一种新型企业组织管理运营模式，将我国人文思想与西方现代管理学相融合，通过以人为本的人性化管理，让组织不断自我修正、自我调节，从而不断保持组织发展的活力、优化组织的运营模式。

阿里的"五角星"修炼场域（见图4-6）就是在员工个体层面上让员工得到"智慧型"发展。阿里政委在运用"五角星"修炼场域赋能员工时，会通过自我超越、心智模式、共同愿景、团队学习、系统思考五个层面来磨炼员工，使员工在企业文化的熏陶下收获进步与成长。

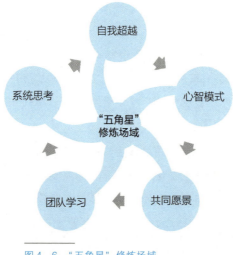

图4-6 "五角星"修炼场域

1. 自我超越

在工作中,大家常常会看到一些"混日子"的员工,他们安于现状、不求进取,只顾眼前的蝇头小利,不去追求长远的发展。这样的员工不仅无法获得成长,也难以为组织带来价值。

为了避免这样的员工出现,阿里政委会鼓励员工进行自我超越,让他们不断向自己的目标前进。

政委帮助员工进行自我超越的核心是**让员工清晰自己的目标和愿景**,并找到实现目标和愿景的方法与路径。政委要通过正确的引导让员工不断看清并加深个人愿望,培养员工达成愿景的信心、耐心与毅力,从而让员工在克服困难、实现目标的过程中不断成长。

2. 心智模式

心智模式就是人们根植于心中的想法,是人们对于周围世界如何运作的**既有认知**。

员工的心智模式决定了其对工作的理解方法和行动方式。员工的心智模式往往受到成长经历、个人价值观、思维逻辑等方面的影响。很多时候,员工难以觉察到自己的心智模式及其对自身行为的影响。因此,政委要善于引导员工,帮助员工建立良好的心智模式。

政委可以通过**"照镜子"**的方式让员工学会自省,通过直接指出员工的问题和不足,让员工更好地认知自我,并找到改变自我的方向和方法。

3. 共同愿景

政委要善于为员工构建**共同愿景**,让员工在共同愿景的指引下努力前行。

共同愿景就像一座**灯塔**,能够为员工照亮前进的道路,能够让员工在相同的企业文化和价值观下形成合力,让组织展现出强大的凝聚力、感染力和号召力。

政委可以通过开会宣讲、思想团建、价值观考核等形式将组织的愿景传达给每一个员工,并让组织的愿景成为员工的愿景,从而唤起员工实现愿景的动力,让员工能够围绕共同愿景工作。

共同愿景既可以是**长期**的,又可以是**短期**的。政委可以将企业的愿景作为长期的共同愿景,也可以将一次活动的成功、一个年度目标的达成、一场"战役"的胜利等定义为短期的共同愿景。政委要让员工在共同愿景的指引下,朝着相同的方向前进,从而带动组织的整体进步与发展。

4. 团队学习

有些 HR 认为,团队学习就是集体培训,导师在讲台上讲课,员工在下面记录、学习。这种看法是错误的。其实,团队学习的核心在于组织成员的**深度讨论与相互学习**,这能让员工在团队学习的过程中彼此取长补短、共同进步,让优秀的知识和方法在团队中得到快速的传播和复制。

政委要努力为员工构建起一个良好的团队学习氛围,让员工能够在坦诚、信任的环境中直抒己见,在相互讨论、相互促进的环境下共同思考,从而激发出彼此的潜力和创造力。政委可以根据组织和员工的具体情况找到适合的**互动学习模式**,比如让员工成立互助学习小组,让小组成员每天都向他人分享自己学习到的知识和方法,通过这种教学相长的形式使员工获得共同成长。

5. 系统思考

系统思考是员工应具备的重要能力。员工如果能够根据良好的逻辑、系统、科学地进行工作,不仅能够提高自己的工作效率,还能提高目标达成的成功率。因此,政委要努力培养员工系统思考的能力,让员工有条理、有计划、有目标地完成自己的工作。

要想为员工建立系统思考的能力,政委需要多向员工说"Why",告诉员工"你为什么要做这项工作""你做这项工作的目的是什么""你完成这项工作的方法是什么""方法背后的底层逻辑是什么"等。在向员工抽丝剥茧地分析工作的过程中,政委可以潜移默化地帮助员工建立起良好的思维逻辑,有效促进他们系统思考能力的提升。

4.3.2 自我超越的内在机制

很多时候,员工的成长取决于两种张力:**情绪性张力**和**创造性张力**。这两种张力就像两只手上套着一根橡皮筋,一面是愿景,一面是现状(见图4-7)。

创造性张力是员工对愿景的追求,能够不断将员工向上拉动,加快员工成长的脚步;而**情绪性张力**则是员工看到自身现状后的负面情绪,会将员工向下拉动,阻碍员工的成长。当员工的创造性张力大于情绪性张力的时候,员工就会获得真正的成长,这便是员工**自我超越的内在机制**。

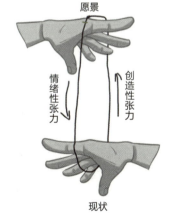

图4-7 自我超越的内在机制

比如员工想要完成一项读书计划,目标是通过一年看完50本书来获得成长。如果这名员工想要获得成长的信念十分强烈,就会发挥创造性张力,努力制定读书计划、优化读书方法、提高读书效率，总结并运用从书本上学到的知识。但是，如果这个员工的信念不够强烈，那么他很可能会每天晚上看半页书就睡着，这种得过且过的情绪性张力会不断阻碍其目标的达成。

在工作中，员工都可能会出现向现状妥协的情况。这些消极、负面、困难的现状所带来的不良情绪会阻碍员工前进的步伐。员工如果缺乏对愿景的追求，将不断地坠入现状的"深渊"。这时，政委要做的就是帮助员工强化愿景、认知现状，看到现状与愿景之间的差距，并找到方法和策略弥补这一差距。

在实际操作中，政委可以通过**绩效面谈、一对一谈话、思想团建**等形式帮助员工不断理清和建立个人愿景，不断学习如何看清目前的真实情况。政委要通过加强员工对愿景和现状的认识，增大其创造性张力，减少其情绪性张力，从而激发员工实现愿景的动力，消灭现状中出现的问题，让员工的创造性张力超过情绪性张力，从而实现快速成长，使其向着愿景和目标不断前进。

4.4 文化落地的八大工具

我在给一些企业做培训时,发现有不少人认为企业文化是虚无缥缈的抽象概念,很难有效地进行贯彻和落实。我常常在培训后的答疑环节被问到这样的问题:"企业文化到底应该如何落地?"

缺乏让企业文化落地的有效方法是困扰 HR 的普遍问题。在这一方面,阿里政委会通过文化落地的八大工具(见图 4-8)来让企业文化落到实处,通过这一有效的"抓手"由"虚"到"实"地让阿里的文化和价值观不断传播和发展。

图 4-8 文化落地的八大工具

4.4.1 文化道具

文化道具是阿里政委通过借助一些具体的事物来承载企业文化的方法。阿里政委会在办公场所布置一些与企业文化相关的物品,从而达到持续输出企业文化的目的,让员工在日常工作中潜移默化地受到影响。

在阿里,工作场景中随处可见阿里的LOGO——一张笑脸,而这张笑脸就承载着阿里的企业文化,是阿里政委经常使用的重要文化道具。

马云说:"**我们阿里的LOGO是一张笑脸。我希望每一个员工都是笑脸。**"

阿里有着"**快乐工作,认真生活**"的企业文化,希望员工能够释放压力,以积极乐观的心态面对工作。

曾任阿里首席人才官的彭蕾说:"阿里打造的工作气氛是外松内紧。我们是非常讲究执行力的公司,以结果为导向,但是这是内紧。我们也非常希望营造一种很宽松的环境,让员工快乐地工作、认真地生活。公司必须为自己的员工解压。如果员工的压力很大,每天都唉声叹气,像包身工一样,那就太可怕了。"

阿里为了贯彻"快乐工作,认真生活"的理念,打造出"**笑脸文化**"。阿里政委会在工作环境中尽可能多地使用阿里的LOGO,让员工能够随时随地看到"笑脸",提醒自己释放压力,快乐地面对工作。

政委可以借鉴阿里的这种文化道具形式。比如,政委如果需要贯彻"团队合作"的价值观,就可以搜集团队成员的各种充满回忆的合照,并贴在办公区域的墙上,让员工能够随时感受到同事情、"战友"情。

政委可以通过承载着文化价值的事物，从细节之处传递企业的文化和价值观，让员工时时刻刻感受到企业的特质和魅力。

4.4.2 虚拟组织

虚拟组织是指阿里政委帮助员工建立起除同事关系之外的另一种互信关系，如朋友关系、同好关系（有相同爱好的人），从而更好地连接组织成员间的感情，加强组织的凝聚力，建立良好的企业文化氛围。

阿里最大的虚拟组织是**"阿里十派"**。彭蕾说："为了让员工快乐工作，我们成立了很多'派'，叫'阿里十派'，当然有很多娱乐的派，篮球、足球，甚至电影'派'。这些'派'让年轻人有了一个组织，让志同道合的年轻人可以去玩。同时在'阿里十派'当中，有一个'派'叫'爱心派'。'爱心派'就是由一些具有慈善公益意识的员工自发组织的一个团体。在地震灾后重建小组当中，大多数都是'爱心派'的同事，大家会自发地做一些事情。""阿里十派"成立已有近20年，最初有10个"派"，而目前正式的兴趣"派"已经超过35个。

每年，阿里都会组织一次"十派"纳新活动，让更多的员工加入到虚拟组织中来。每年的纳新活动都显得异常热闹、有趣。"阿里十派"的成员会在阿里西溪园区中各显其能，成为一道亮丽的风景线。在阿里任职的10年间，只要我有时间和机会就会到"阿里十派"的纳新现场，感受阿里人的快乐、活力与激情。

在阿里人看来，"阿里十派"这一虚拟组织是"快乐制造者""文化传播机"，对组织凝聚力和价值观的形成与发展有着重要价值。

从组织层面看，各个部门一般会以职能进行划分，形成一个个

纵向的团体，这无疑会造成各部门之间的交流壁垒；而虚拟组织则往往以兴趣爱好划分，能够从**横向**打通各部门之间的沟通，加深组织成员间的交流和碰撞。政委可以在组织内部成立各种兴趣小组，让员工自发报名，自发组织活动，让大家在工作之余能够"认真生活"，结交到更多志趣相投的伙伴。

4.4.3 价值呈现

价值呈现的核心是组织自上而下层层传递企业的使命、愿景和价值观。对于阿里政委来说，价值呈现的主要方式就是**"口号"**的传播。

每个阿里政委都会将阿里"土话"挂在嘴边，通过"今天的最好表现是明天的最低要求""没有过程的结果是垃圾，没有结果的过程是'放屁'""勇敢向上，坚决向左""与其害怕失败，不如狠狠地失败一次"等通俗易懂又富有深意的"土话"来传递企业文化，将企业的价值呈现。

在推动文化落地的过程中，政委可以尝试将企业文化提炼、浓缩为一个个朗朗上口的"土话"，让员工更容易认知、认同企业文化，并接受企业文化的鼓励与约束。

4.4.4 传承布道

传承布道要求政委在组织内部建立起有效的**文化传播网络**。在阿里，政委一般会通过老员工、榜样员工、高层管理者和基层管理者四种人群来建立文化传播网络。

1. 老员工

老员工在企业文化中浸润多年，对企业文化会有较深的理解。

老员工不仅可以在日常工作中通过自身的行为影响身边的同事,还可以在新员工刚刚进入企业的时候作为导师对新员工进行企业文化方面的培训。

新员工进入阿里后,都会接受系统的岗前培训。在这一培训过程中,老员工的个人经验分享和企业文化培训是必不可少的一个环节。

在我的阿里岗前培训中,一名老员工的分享给我带来了很大的震撼。在培训一开始,这名老员工向我们展示了一张照片,照片上有6双鞋底被磨穿的皮鞋。

他站在台上问我们:"你们觉得我穿坏这些鞋子用了多长时间?"

大家议论纷纷,有人猜是半年,有人猜是一年。

"答案是2个月。我为了拿下Top Sales(销售冠军),在2个月的时间里跑客户跑坏了6双皮鞋。作为阿里人,一定要有'要性'㊀,要坚定不移地完成目标!"

老员工的这番话鼓舞着在场的所有新员工,让勤奋、敬业、努力、拼搏的精神之种扎根于每一个人的心中。

因此,政委可以通过老员工的个人经验分享、以师带徒等形式来向新员工传承企业文化,传递组织的价值观。

2. 榜样员工

阿里人常说:**"榜样的力量是无穷的。"** 在传承布道的过程中,政委要注重在组织中挖掘榜样员工,将那些业绩出众且价值观良好的员工树立为标杆,从而让更多的员工能够**向标杆看齐、向榜样学习**,让榜样员工成为组织成员不断成长的**"土壤"**。

㊀ 关于"要性"的介绍请参考5.1.2小节"北斗七星"选人法。

3. 高层管理者

高层管理者对于企业文化的传承有着非常重要的示范作用。作为高层管理者的搭档,阿里政委会时刻提醒高层管理者做到**"身先士卒"**,和员工一起奋战,激励员工更加努力地拼搏和奋斗。

比如,阿里政委会为高层管理者"搭场子",让高层管理者和一线员工无障碍地沟通,进行如圆桌会议、"帕特纳(合伙人)有约"等沟通活动。

4. 基层管理者

基层管理者和一线员工的接触最多,关系也最为紧密。因此,基层管理者往往能够通过日常的沟通和关心非常直接地向员工传递企业文化。政委要重视基层管理者在传承布道过程中的作用,通过基层管理者与一线员工的连接落实企业文化。

4.4.5 团队建设

阿里人常说:**"没有什么是一次团建解决不了的,如果有,那就团建两次。"** 阿里政委十分重视团队建设(简称团建)的作用,会通过团建的形式让组织成员感受到**"一群有情有义的人,在一起做一件有价值、有意义的事"** 的价值。

阿里将团建分为三种类型:**思想团建、生活团建、目标团建**。

1. 思想团建

思想团建就是阿里政委通过对组织成员进行思想方面的教育和熏陶,从而让员工形成统一的思想,在相同的企业文化和价值观的指引下一起工作,如共同看一部电影,像《阿甘正传》《放牛班的春天》《当幸福来敲门》等,看完后大家一起交流心得体会。政委进行思想团建的目的是让员工明白自己工作的价值与意义，让组织成员为统一的目标而奋斗。

2. 生活团建

阿里政委组织生活团建的目的是让组织成员能够获得共同的回忆、拥有共同的经历，从而沉淀情感，增强彼此的信任感和团队的凝聚力。

生活团建的形式多种多样，政委可以组织员工办集体生日会、周年庆、吃饭、旅游、健身、做游戏等。无论形式如何，只要达到凝聚团队力量、加深员工情感连接的目的，那么生活团建就是成功的。

3. 目标团建

目标团建就是政委带领组织成员一起打"一场仗"，让大家在努力达成目标的过程中变得更加团结、更有凝聚力，同时展现出企业独有的精神与力量。

政委要想做好目标团建，关键在于为员工营造**"赢"** 的感觉，从而提高员工的自信心和对组织的认同感，在感受"赢"的过程中打出一场又一场的"胜仗"。

4.4.6 文化游戏

文化游戏往往能够激发员工的竞争意识和好胜心，让员工在游戏中获得成长。阿里的**"PK 文化"** 就是文化游戏的一种方式。每个月、每个季度、每一年，阿里销售团队和销售人员都会进行业绩PK，比一比谁最终达成的业绩更高。有时候，销售人员会针对业绩PK进行"对赌"，在PK中落败的一方要请胜利的一方吃饭，或送礼物或请一个月的奶茶等。

在文化游戏的推动下，参加游戏的团队和员工会激起很强的斗志和信心，迸发出强烈的工作动力和热情，最终在游戏中获得成长，建立起努力拼搏、永不放弃的价值观。

政委可以在团队或员工定目标时对其进行两两"配对"、彼此PK，并规定胜者的奖励内容和败者的惩罚内容，在文化游戏中激发出大家正向的竞争意识。在这一过程中，政委要注意无论是奖励内容还是惩罚内容，都要征求参与PK者的认同，这样才能保证文化游戏顺利开展。

4.4.7 固定仪式

人们常说："生活要有仪式感。"其实，工作也是如此。阿里政委喜欢为员工打造各种固定的仪式，以此来赋予工作更多的意义与内涵，让员工加深对企业文化的印象，增强对企业价值观的认同感。

淘宝有着独特的**"倒立文化"**，所有淘宝员工都要学会倒立，这已经成为一种固定的仪式。新员工进入淘宝后，不仅要学习企业文化，还要学会如何倒立。在培训结束后的结业典礼上，无论是男员工还是女员工，都要展示倒立这项"技能"。

淘宝让员工倒立的目的有两个：一是让员工突破自我，**从不可能中看到可能**；二是让员工**"换个角度看世界"**，学会以不同的视角重新审视日常中的事务。

很多新加入淘宝的员工在一开始都觉得自己无法完成倒立，认为倒立很难。但是经过一定的尝试后，员工都能克服这一困难。马云说："为什么要倒立？就是因为太多人跟我说'不可能'。淘宝的每个'店小二'都会倒立，我还能单手倒立，我们还能倒立地叠罗汉。"

通过倒立观察世界让许多淘宝员工都保持着创新的精神，打破了用传统角度看事物的束缚,能够从另一个视角来看待事物,从而开阔眼界、打开格局。

"倒立文化"就是淘宝所打造出的固定仪式。淘宝通过这一固定仪式向员工传递出克服困难、勇于创新的价值理念。

阿里还有一个固定仪式,那就是每年都要举办的**"阿里日"**。在"阿里日"上,员工可以带着家人一起在阿里总部参观、游玩,马云、张勇还会亲自为员工主持集体婚礼。

马云之所以成立"阿里日",是因为2003年的非典疫情。2003年,阿里的一名员工被确诊患上非典。为了避免病毒传播,几百名在阿里杭州总部工作的员工都紧急进入自行隔离、居家办公的状态。在这样艰难的情形下,阿里的所有员工都以乐观的精神加以应对,努力去面对压力和挑战。

这场疫情不仅没有击垮阿里,反而让组织变得更加团结、更有凝聚力,升华出不畏困难、勇于拼搏的精神和文化,这也成为阿里发展过程中的一个重要节点。马云为了纪念非典时期阿里人的团结、敬业、激情和自信,将每年的5月10日定为"阿里日",以此传递阿里的文化和价值观。

政委可以通过固定仪式强化文化的输出,让员工更好地理解并认同企业文化和价值观。政委在具体实施固定仪式的过程中,可以通过日常固定活动、月会、年终大会等形式来烘托企业文化氛围,设定出具有**愉快**、**感动**、**奖励**、**引导**等元素的环节,让员工在强烈的仪式感中感受企业文化的力量与魅力。

4.4.8 故事传播

故事是帮助企业文化传播的优秀载体。很多时候,HR或政委单纯地向员工灌输企业文化,会让员工感到枯燥无味,也使员工对企业文化的认识和理解不深刻，而一些口耳相传的企业文化故事则更容易让员工接受，也更有利于企业文化的传播。

阿里有许多让人印象深刻的故事，这些故事都是在阿里不断发展的过程中形成的。这些故事不断激励、指引着阿里人，让阿里人向着正确的方向砥砺前行。

比如，一位从前台岗位一直做到阿里集团首席人力官、菜鸟网络董事长的故事，让阿里人明白了即使没有很好的背景和经历，只要认真做好每一项工作，脚踏实地地奋斗、拼搏，那么"是金子总会发光"。

再比如，在阿里的早期发展阶段，马云曾和一名员工打赌，只要这名员工能够在第二年做出365万元的业绩，同时保持78%的续签率，马云就请这名员工到世界上任何一家餐厅吃饭，但是如果这名员工没有达成目标，那么要跳一次西湖。

最后，这名员工虽然完成了业绩目标，但是续签率没有达成。于是，在马云和许多同事的围观下，这名员工兑现了承诺，在寒冷的冬天跳进了西湖冰冷的湖水里。

事后，马云说："这件事我觉得第一是一种承诺的体现，承诺了就要去做。虽然他业绩做得很好，但是续签率没有达到，所以奖罚要分明。第二，我希望没有把客户服务做好的事情今后在阿里再也不要发生。我希望这个事件能够成为阿里历史上一个非常重要的事件。"

这个故事其实就是在告诉所有阿里人要信守承诺，要牢记并且践行"客户第一"的价值观。

很多伟大的企业在创业早期都产生了许多故事，这些故事生动形象地呈现出企业的文化和价值观。因此，政委要善于搜集企业文化故事，并多向员工讲故事，让故事在组织内部进行传播，从而更好地影响员工，让员工从故事的背后发现企业文化的价值与意义。

第 5 章
促人才：政委如何做人才管理

当今时代，企业之间的竞争其实就是人才的竞争。作为阿里人才战略的"主力军"，阿里政委肩负着促人才的重要职责和使命。抓源头、抓培养、抓用人、抓赋能、落实人才盘点，这些都是阿里政委促人才过程中的有力"抓手"。凭借着这些方法和经验，阿里政委为阿里打造出"良将如云，弓马殷实"的人才梯队，让阿里在发展的道路上披荆斩棘、勇往直前。

5.1 抓源头：招聘

"现在招人真难啊！我总是招不到合适的人才！"这是我在培训 HR 时常常听到的抱怨，甚至**"招人难"**都快要成为一种 HR 之间的普遍共识了。在我看来，"招人难"这一现象虽然存在一些客观原因，但是最主要的原因还是有些 HR 并不知道如何招人。

在培训中，我常常会问 HR 以下三个问题：

- 招什么样的人？
- 从哪儿招人？
- 如何招人？

能够全部回答出这三个问题的 HR 寥寥无几。这也说明有些 HR 对于招聘工作缺乏正确的认知和系统的方法。

阿里人常说：**"招人是一切战略的开始。"** 对于企业来说，拥有优秀的人才，往往就能更好地实施战略规划、完成战略目标，否则一切都会成为空谈。因此，企业如果能够抓好招聘这一人才战略的源头，往往能够得到很好的发展。

在大部分企业中，招聘是 HR 的重要工作，而如何做好招聘工作也是 HR 十分关注的事情。在对许多 HR 进行培训时，我发现 HR 在招人的过程中存在三种常见问题——**招不好、招不到、招不对**（见图 5-1）。

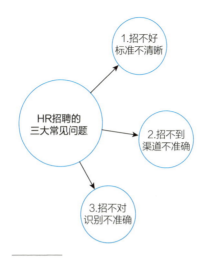

图 5-1 HR 招聘的三大常见问题

"**招不好**"指的是 HR 在招聘的过程中**没有清晰的招人标准**。很多时候，HR 与业务主管缺乏沟通，既不了解用人岗位的具体情况，又不了解岗位人才的具体画像，这就导致 HR 无论是在筛选简历还是在面试的过程中都没有一个清晰的标准。这不仅会浪费大量的招聘时间，还会让许多不合适的人进入企业，让许多合适的人"擦肩而过"。

"**招不到**"指的是 HR **缺乏有效的招聘渠道**。有些 HR 在招聘时喜欢"广撒网"，在每个线上招聘平台都注册一个账号，参加许多线下招聘会。选择正确的招聘渠道可以帮助 HR 找到合适的人才。HR 不能在企业需要有经验的员工时寻找校招渠道，也不能在企业需求基层员工时寻找猎头公司。HR 这样做不仅会消耗大量的时间和资金成本，还会给应聘者留下"这家企业非常缺少人才"的感觉。

"**招不对**"指的是 HR 在面试的过程中**对人才的识别不准确**。在面试的过程中，有些 HR 会被应聘者"漂亮"的履历和良好的语言表达能力所蒙蔽，无法清晰、准确地看到应聘者的全貌。

有些 HR 曾向我询问："为什么有的应聘者在面试的时候显得很优秀，一旦入职却会暴露出很多问题？"

我说："这是因为你缺乏对人才的识别能力。"

HR 如果无法看到招聘者的本质，就会让一些无法胜任岗位或价值观与企业不匹配的人入职，最终使企业蒙受损失。

阿里十分重视对人才的选用，所以阿里政委也会在招聘工作中努力避免上述三大常见的招聘问题。阿里政委明白，招聘是人才管理的源头，只有做好招聘工作，才能从源头上促进人才战略的落实和发展。

在实际工作中，阿里政委会根据两个原则来落实招聘工作，一是**"选最优秀的不如选最适合的"**，二是**"搭建系统的招聘流程"**。

5.1.1 选最优秀的不如选最适合的

马云说：**"团队一定不能找最好的人，但是要找最合适的人。把平凡的人打造成最合适的人，才能成就不平凡。"**

对于人才的选用，阿里在走过许多"弯路"后总结出这样的经验——**选最优秀的不如选最适合的**。

在企业成立初期，阿里招入了许多学历高、管理经验丰富、工作履历出众的人才。这些人才进入阿里后，直接身居要职，成为所谓的"空降兵"。但是由于"水土不服"、理念不合等原因，这些人才最终几乎"全军覆没"。

反观与马云一起创业的"十八罗汉"，如彭蕾、戴珊、谢世煌、吴泳铭等人却发展得越来越好，不仅为阿里打下"江山"，如今还个个身居要职。但是，"十八罗汉"在一开始并不被马云看好。马云甚至曾对他们说："不要想着靠资历任高职，你们只能做个连长、排长，团级以上干部得另请高明。"事实证明马云错了。

在经历了"血的教训"后,马云改变了自己的想法,调整了阿里的人才观。他说:**"即使公司要关门了,我也绝不允许从外面招聘一个'空降兵'来担任公司 CEO。"** 马云甚至将"不招空降兵来担任 CEO"这句话写到了阿里的基本法里。从中可以看出马云对"选最优秀的不如选最适合的"这一理念的重视。

在这一理念的推动下,阿里明确了企业需要什么样的人才,确定了具体的人才观。这一过程不仅是阿里明确企业文化的过程,也是阿里推动人才管理的重要阶段。

阿里的人才观为聪明、乐观、皮实、自省(见图 5-2)。在招聘过程中,阿里政委会根据人才观找到符合企业需求的人才。

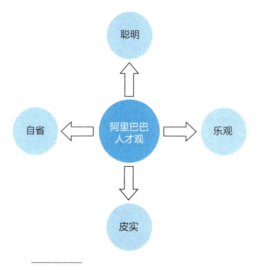

图 5-2 阿里巴巴人才观

1. 聪明

如今市场环境的变化越来越快,因此企业对能够适应环境变化的人才的需求也越来越大。一般来讲,"聪明"的人能够主动去接受变化、适应变化,进而掌控变化,甚至做出创新和改变。

阿里讲究"拥抱变化",所以在招聘过程中,阿里政委也会有意识地选择那些拥有"聪明"特质的人才。

阿里政委对"聪明"有两个层面的解读,一是**智商**上的聪明,二是**情商**上的聪明。

智商上的聪明指的是应聘者在专业知识和能力方面具有较高的水平,能够胜任招聘岗位的需求。

情商上的聪明并不是指应聘者善于察言观色、见风使舵,而是指应聘者能够很好地管理自己的情绪,能够敞开自己的心扉,走进别人的内心,以坦诚、开放、简单的心态待人接物,不会给人"拒人于千里之外"的感觉。

2. 乐观

"乐观"指的是应聘者要拥有积极向上的心态,对未来充满希望,对未知事物充满好奇心。

在组织中,乐观的员工往往会对目标达成充满希望,相信自己和团队能够克服困难、达成目标。当大多数人认为目标很难实现的时候,乐观的员工不仅自己不放弃目标,还会带动整个团队的氛围,让整个团队充满活力。

而悲观的员工会先考虑工作的困难性,找到许多阻碍目标达成的因素。在面对这样的员工时,政委无论如何调动对方的积极性,对方都会认为目标是很难达成的。有些悲观的员工甚至会在组织中传播负能量,影响组织其他成员的情绪。

因此在招聘的过程中,阿里政委会选择能够给组织带来积极影响的"乐观者",拒绝会给组织带来负面影响的"悲观者"。

在面试时,政委可以通过设计一些问题判断应聘者是否具有乐观的品质。如果政委能够将乐观的员工招入组织,那么整个组织很可能会因为这样的员工而充满活力和激情。

3. 皮实

"皮实"就是指应聘者需要具备良好的心理素质,拥有较强的抗挫折能力,能够经得起**"折腾"**。

阿里这样定义"皮实":**阿里人不但要能经得起"棒杀",还要能经得起"捧杀"**。

什么是"棒杀"?大家可以将"棒杀"简单理解为**经得起摔打、经得起磨炼**。所谓"天将降大任于斯人也,必先苦其心志,劳其筋骨",优秀的人才应具备良好的心理素质,能够经得起挫折和磨砺,能够在批评和质疑声中成长。

比如,很多阿里早期的销售人员就经得起"棒杀"。他们每天不仅要面对高强度的工作,还要承受无法获得订单的挫败感。即便如此,他们仍然会向着目标前进,做到"从哪里跌倒就从哪里站起来"。

经不起"棒杀"的员工则会显得有颗**"玻璃心"**,在工作中稍微受到批评就会显露出负面情绪,甚至掉眼泪。这样的员工会让政委和主管难以处理,也会影响组织的整体氛围。

"皮实"的员工还要能经得起**"捧杀"**。有些员工在做出一些成绩、得到组织的认可和表扬后,就会显得"飘飘然",变得十分骄傲自满。这样的员工就经不起"捧杀"。而优秀的人才能够时刻保持平和的心态,不会被胜利和荣誉冲昏头脑,能够宠辱不惊地面对自己的工作。

因此在招聘的过程中,政委要对应聘者的心理素质进行深入的考察,分析应聘者能否经得起"棒杀"和"捧杀"。

4. 自省

自省往往决定了一个员工能否**快速成长**。因此,阿里政委在招聘时十分看重应聘者是否具有"自省"的品质。

大部分取得成功的人都是善于自省的人。比如，马云通过自省，从一个被无数企业拒绝的失败求职者，成长为被全世界关注的企业家。他给自己取的花名为"风清扬"，给自己的办公室取名为"思过崖"，就是在时刻提醒自己要自省。

善于自省的员工有着所谓**"响鼓不用重锤敲"**的特质。他们会时刻反思自己的问题和不足，出现错误或缺点时只要有人稍加提醒就会积极改正。这样的员工能够通过自省的方式及时发现问题并解决问题，快速提升个人能力，突破思维和视野的限制，提高格局和思想，从而获得全方位的成长。

而不会自省的员工则容易变成**"永远对"**的人。无论政委和主管怎样指出他的问题和不足，他都会觉得自己是对的，不会反省自己。这种员工会慢慢丧失自我感知的能力，自身的问题会积累得越来越多，成长的空间会被压缩得越来越小，最终导致出现工作效能低下、业务能力不足等问题。

因此，政委要在面试时考察应聘者的自省能力，让那些能够主动发现自身问题并积极解决问题的优秀人才进入组织。

以上就是阿里的人才观。政委要明白，人才观体现的不仅是一个企业的文化，同时也是企业的选才标准和原则。因此，政委可以参考阿里的人才观，同时根据自身企业的文化和需求制定出相应的人才观和选才原则，这样才能真正做到**"选最优秀的不如选最适合的"**。

5.1.2　搭建系统的招聘流程

在明确了"选最优秀的不如选最适合的"的招聘理念后，政委还要学会**搭建系统的招聘流程**，这样才能提高招聘的成功率，从而科学、标准、规范地让优秀的人才进入组织。

阿里的招聘流程主要分为两个步骤，第一步为**设置人才画像**，第二步为**运用"望闻问切"面试法选择人才**。

1. 设置人才画像

什么是"人才画像"？通俗来讲，"人才画像"就是阿里政委将需要招聘的人才特征像画家画人物像一样描绘出来，专业术语叫作**"岗位胜任力模型"**。

通过"人才画像"，政委可以具体、清晰地了解用人岗位的人才需求，并根据这些需求建立起明确的招聘标准。"人才画像"可以帮助政委选择合适的招聘渠道，从而缩短招聘时间、降低招聘成本，解决"招不到"人才的问题。"人才画像"还可以为政委在面试过程中提供决策依据，让政委能够准确判断出应聘者是否符合岗位要求。

以阿里的销售岗位为例，阿里很早就确定了销售人员的"人才画像"，并将其总结为"北斗七星"选人法。在招聘的过程中，阿里政委会根据"北斗七星"选人法来判断应聘者是否符合销售岗位的要求。

"北斗七星"选人法是由7个关键词构成的，这7个关键词涵盖了三个能力层面和一个底层的要求（见图5-3）。

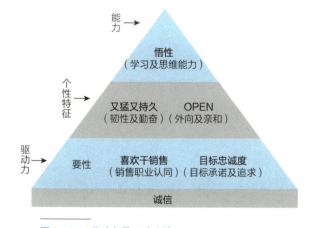

图5-3 "北斗七星"选人法

(1)诚信

诚信是阿里销售人员应具备的基础特征。如果一个销售人员不具备诚信的品质,那么无论他具有多强的业务能力,都不会被阿里政委选择。

(2)要性

阿里销售人员要具有较强的"要性"。所谓"要性"就是销售人员要对达成目标有强烈的渴求,要有"极度渴望成功,愿付非凡代价"的信念。

(3)喜欢干销售

阿里销售人员要从内心认为销售工作是有意义、有价值的,喜欢并愿意从事销售工作,并将销售工作视为自己的职业发展方向。

(4)目标忠诚度

阿里销售人员要对目标保持专注和忠诚,要勇于挑战短期和长期目标,并通过努力、认真的工作态度促进目标的实现。

(5)又猛又持久

阿里要求销售人员的激情不能是一时的,而应是持久的,要有很强的自我驱动力。阿里销售人员既要具备顽强拼搏的干劲,又要具备吃苦耐劳、勤奋务实的品质,能够扛住压力,乐观地面对困难和挫折。

(6)OPEN

阿里销售人员要乐于和人交流、沟通,能够与组织成员、领导、客户和谐地沟通、交往,建立起良好的人际关系。

(7)悟性

阿里销售人员要具有良好的学习能力和思维能力。在工作过程中,阿里销售人员要能够对知识和经验进行吸收、归纳、分析和运用,从而获得理想的结果。

从"北斗七星"选人法可以看出,阿里对销售人员的"人才画像"十分清晰、明确,能够很好地指导阿里政委进行招聘工作。政委可以借鉴阿里的这种"人才画像"形式,通过描绘具体的"人才画像"来明确人才标准,帮助自己在招聘过程中辨认出满足要求的人才。

2. 运用"望闻问切"面试法选择人才

有了具体的"人才画像"后,阿里政委会运用**"望闻问切"**法在面试中选择合适的人才。

(1)望

阿里政委会在面试的过程中通过"望"来观察应聘者的气质、眼神、表情、动作等。比如,我会在面试时问应聘者"你相信梦想吗""你曾经追逐过什么梦想""你对自己的未来有什么期许"等问题。面对这类问题,有些怀揣梦想的应聘者就会展现出渴望的神情。我甚至能够从他们的眼睛看到光芒。

有时,我会问应聘者:"你准备在阿里工作几年?当你离开阿里的时候,你希望自己是什么样子的?你如何成为你想要的样子?"有些应聘者就会展现出迷茫的表情,这就说明他们并没有认真思考过这个问题,并且缺乏自我认知、自我规划的能力。

在面试的过程中,政委可以通过应聘者下意识的反应"望"出问题,看到对方内心的真实想法。

(2)闻

"闻"就是政委要能够通过应聘者的话语和表现,看到对方的本质,了解其话语背后的动机是什么、逻辑是什么、价值观是什么,从而判断应聘者是否和组织**"志同道合"**。

(3) 问

"问"是政委在面试过程中的重要环节。政委要通过一些具体的问题来考察应聘者的表达能力、表达方式、逻辑思维能力、业务水平、工作经验等是否符合要求。在"问"的环节,政委可以根据组织的人才观、岗位的人才画像来设计问题。

政委设计的问题要清晰、具体,可以询问应聘者的生活及工作经历,要求应聘者提供具体的行为案例作为考察依据。这种"问"的方式叫作"行为提问法"。在实际工作中,阿里政委通常会要求应聘者描述"一次曾有过的经验""一个情况""一个例子"等发生在具体场景中的具体行为。

例如:

我在考察应聘者的"分析与解决问题"的能力时,会问:"请你举出一个事例,表明你在面对情况非常复杂的局面时是如何分析和解决问题的?"

我在考察应聘者"客户第一"的价值观时,会问:"你上一个工作的客户是谁?需求是什么?请举出一个你为客户创造价值的例子。"

我在考察应聘者的"学习能力"时,会问:"没有人是从不犯错误的,除非不做事,请说一下你近期最失败的一次项目经历是什么,你从中学习到什么,这对你之后的工作有什么影响。请你举例说明。"

"行为提问法"可以帮助政委从应聘者口中获得更多有效、真实的信息,而不是"假大空"的回答。

(4) 切

"切"就是调查,指的是政委在面试后通过同事圈、朋友圈来更为全面地了解应聘者。在招聘时,我喜欢通过应聘者的微信朋友圈来了解对方生活的点点滴滴,从而判断对方是一个什么样的人。

　　阿里的"望闻问切"面试法具有较强的实用性,可以帮助阿里政委更好地判断应聘者是否符合岗位要求。政委可以借鉴这种面试方法,同时根据企业自身的需求来设计面试流程。

5.2 抓培养：在用人中养人，在养人中用人

培训不仅是 HR 的重要工作，更是企业赖以生存和发展的工具。当今的市场环境瞬息万变，企业要想跟上时代的脚步，应对市场快速的变化和发展，就需要重视员工的培养，将"促人才"放在重要的战略地位。

但是培训又往往是 HR 不愿面对的工作，一方面企业可能会认为培训没有效果，钱都"打了水漂"；另一方面员工会抱怨培训浪费自己的时间，培训后也得不到明显的成长。又苦又累还"两头不讨好"的情况常常是 HR 面对的"培训之痛"。

曾有很多 HR 苦恼地问我这样的问题："为什么我为员工安排了培训，但是却无法收获成效呢？"

HR 做不好培训，常常是由以下三种情况导致的：

第一，不成体系，"三天打鱼，两天晒网"。
第二，不切实际，培训内容无法运用到实际工作中。
第三，没有结果，人才培养不出来。

有的 HR 将培训作为"救急药"，一旦出现问题就临时组织一次培训，但是培训后也无法达到"药到病除"的效果。有的 HR 只注重培训的次数，不注重培训的质量，常常出现"讲师在台上口若悬河，员工在台下昏昏欲睡"的情况。有的 HR 只看重培训过程，对培训后的结果置之不理，员工能否将培训内容落地全凭个人自觉。

HR 对员工的培养应该有策略、有体系、有制度、有方法，不能"看心情""走形式"，否则就会出现团队一盘"散沙"、员工无法成长、人才无法留住等问题。

抓培养是阿里政委促人才中的一项重要工作，而在抓培养的过程中，阿里政委秉承着**"在用人中养人，在养人中用人"**的原则，面对不同人群制定**新人培训、干部培养、落地实战**等不同的培养模式，并通过**理论培训——业务场景演练——共同读书、观影——辅导与述职**（见表5-1）的形式对员工进行全方位的培养，让员工在理论和实战两个层面都收获长足的进步。

表5-1 阿里员工培养模式

	基层管理者	中高层管理者	头部管理者
理论培训	基层管理"七剑" 角色认知、目标管理、时间管理、招聘面试、团队建设、沟通辅导、绩效执行	中高层管理"六式" 三项训练、文化构建与落地、人才梯队培养、绩效管理、战略沙盘、创新思维	引进来 引进领域专家、优秀企业家、标杆管理专家 走出去 到优秀企业学习成功的管理经验、创新的业务模式、先进的工作流程
业务场景演练	实战工作坊 工作实际场景，培训课程的回炉与讨论		
共同读书、观影	必读书目、必看影视 《高效能人士的七个习惯》《卓有成效的管理者》；《日日是好日》《士兵突击》等	必读书目、必看影视 《组织文化与领导力》《高管教练：领导者的内在对话》；《卡特教练》《实习生》等	
辅导与述职	辅导与述职 一对一日常辅导，隔级、HRBP参加述职，隔代养人，跨级了解情况		

5.2.1 新人培训：让新员工快速成长

我在 2002 年入职阿里，当听到自己要接受长达一个月的培训时，我十分惊讶。因为在当时，重视新人培训的企业本来就很少，而愿意花费一个月培训新人的企业更是寥寥无几。经过一个月的培训后，我感受到了新人培训的作用和魅力。

阿里一直都十分重视对新人的培训，并且针对新人建立起两种培训形式，第一种是**"百年大计"**，第二种是**"百年阿里"**。"百年大计"针对销售新人，"百年阿里"针对中后台新人。两者的培训周期都为 1 个月左右，其中半个月为**企业文化和价值观培训**，另外半个月为**专业技能培训**。

阿里十分重视对新人价值观的培养，因此在培训过程中价值观的内容甚至会和专业技能内容占相同比重。在新人接受培训的第一天，讲师就会系统地讲述阿里的发展史、使命、愿景、价值观、基本原则等内容，让新人有整整一个月的时间对企业文化理解透彻。

马云曾说："如何检验一家公司的好与坏？找七八个员工，问问他们的目标是什么，如果每个人的回答都一样，就说明这家公司是有凝聚力的。我特别为阿里的员工感到骄傲，我们公司各种各样的人都有，因为我需要的是'动物园'，不是'农场'。但是，要把上万个员工团结在一起，确实是很难的，因为他们每个人都认为自己很聪明，是'天下第一'，尤其是现在的年轻人。怎样才能把他们团结起来呢？要靠价值观。来阿里的人必须认同和坚持我们公司的价值观。"

因此，政委在培训新人的过程中，不仅要重视专业能力方面的培训，更要重视对企业文化的讲解和对价值观方面的引导与培养。政委对新人进行企业文化的培训和教育可能在短时间内无法看到成效,但是在员工正式进入工作岗位后,当遇到不良利益诱惑时,员工就能够很好地贯彻企业的价值观,遵守企业的基本原则。

而在新人专业技能培训方面,政委要抓好**培训前**、**培训中**和**培训后**三个方面。

1. 培训前

在培训前,政委要做好充足的准备,对培训的规划、排期、讲师邀请、培训内容、培训目标、受训人员等方面进行确认,保障培训能够平稳、有效地进行。

2. 培训中

在培训中,政委要尽可能让培训的形式变得多样化,避免讲师单纯输出课程内容,不要让培训变得单调、乏味、陈旧。具有互动、讨论、实践性质的培训内容更容易被员工接受和吸收,而新颖的培训形式也更能活跃课堂氛围,让培训变得生动有趣、寓教于乐。

3. 培训后

对于政委来说,培训活动的结束并不代表培训工作的结束。政委要在培训后及时跟踪培训的结果,检验新人对培训内容的吸收程度和运用效果,从而真正达到让新人快速成长的培训目的。

政委可以通过结业考试、要求新人撰写收获总结、安排新人分享学习成果等形式来把控培训效果,避免培训成为浪费金钱和时间的"面子工程"。

5.2.2 干部培养:干部要时常回炉深造

干部往往是企业的"**主心骨**"。很多时候,稳定高效的干部团队能够帮助企业延续良好的发展势头。因此,干部的培养对于企业十分重要。

在多年的企业咨询经历中,我发现有些企业只注重对基层员工的培训,却忽视了对干部的有效培养,于是产生了干部出现严重的管理失误、干部离职无人接替、"元老级"干部无法跟上时代发展等"伤筋动骨"的问题。

有些企业认为,一个人只要业务能力出众就能成为优秀的干部。在我看来,这种看法十分片面,因为业务能力与管理能力是两种完全不同的东西,如果一个人只懂业务却不懂管理,那么这个人无法带领团队拿到好的结果。政委要明白这样一个道理,没有人是天生的干部,干部也需要得到管理知识的培训。

阿里在干部培养上花费了很多的资源和精力,就是为了让干部团队起到支撑企业高速运转的**"骨架"**作用。阿里会对各个层级的干部进行反复锤炼,不断提升他们的管理能力和专业能力,建立起合理、完善的干部人才梯队,避免在重要岗位上出现人才断层、管理混乱的情况。

阿里的管理者职级被称作"M序列",从M1到M10,数字越大,职级也就越高。一般来说,阿里管理人才会按照一定的流程和路径一步一个脚印地不断成长(见图5-4)。

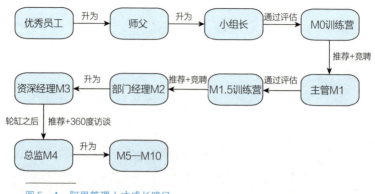

图5-4 阿里管理人才成长路径

阿里的管理者大多是从基层员工中选拔出来的，因为管理者首先要具备优秀的价值观和工作能力，拥有丰富的一线实战经验。当员工展现出优秀的能力之后，会被提升为师父，指导、培养少数新员工，以此锻炼"培养人"的能力和经验。

拥有一定的"培养人"的能力后，师父会被提升为小组长，直接管理一个小组的员工，从而在实战中进一步磨炼自身的管理技能。在一段时间之后，阿里政委和业务搭档会评估小组长的工作结果，看一看他是否具备成为管理者的素质，如果评估结果合格，那么小组长就会被视为**预备管理者**进行培养。

在阿里，能够接受干部培训的不仅是正式的管理者，还包括**预备管理者**，即阿里人常说的 **M0**。作为 M1 管理者的潜在接班人，预备管理者会接受**领导力培训**，从而获取成为合格管理者的知识和经验，以便在正式成为管理者后能够拥有足够的管理能力，少犯一些错误，少摔一些"跟头"。

对于企业来说，提前培养预备管理者十分重要，能够防止一些新任管理者由于不熟悉新的工作岗位、缺乏相应的管理知识和经验而造成严重的损失。

我对这一点深有体会。2003 年，我在阿里晋升为主管，但是由于企业早期没有针对预备管理者的培训，所以我当时十分缺乏管理能力，成为管理者后工作做得"一团糟"，几乎将所有新主管会犯的错误都犯了一遍。

我的这一问题在当时的阿里普遍存在，于是企业开始重视对预备管理者的培养，建立起 M0 训练营，从根本上解决了这一问题。

通过系统的培训后，预备管理者还要通过推荐和竞聘环节才能成为主管 M1。而在从主管 M1 到部门经理 M2 的道路上，阿里还增设了 M1.5 训练营，在更高的维度上培养管理者的能力。

在从资深经理 M3 到总监 M4 的路径中,管理者不仅要接受轮岗制度的磨炼和推荐环节的测试,还要通过 **360 度访谈**的考验。在 360 度访谈中,上级阿里政委和业务搭档会重点考察管理者的**人品和胸怀**,通过对管理者下属及平级的走访,来全方位地评估管理者"是否愿意配合他人""是否能很好地协同团队""是否会将自身的经验和知识分享给他人"等。

阿里管理人才的成长路径设计兼顾了理论与实战,很好地体现出阿里"在用人中养人,在养人中用人"的培养理念。

同时,阿里针对不同职级的管理者也建立起不同的培养体系,帮助这些管理者提升领导水平(见图 5-5)。

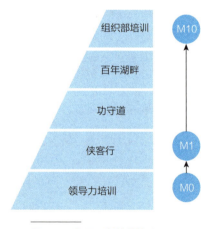

图 5-5 阿里干部培养体系

阿里的基层管理者需要参加的培养体系叫**"侠客行"**,培训的主要内容为阿里"腿部三板斧",即**"招聘和解雇""建团队""拿结果"**三个方面的管理知识。"腿部三板斧"是阿里基层管理者必修的课程,也是所有阿里管理者的重要基本功。

阿里的中层管理者参加的培养体系叫**"功守道"**,培训内容为阿里"腰部三板斧",包含**"懂战略""搭班子""做导演"**三个方面。"功守道"主要是帮助中层管理者提升自己的管理"半径",让其明白如何做好从基层到中层的角色转换。

基层管理者接受的是管理技能的提升,中层管理者接受的是管理能力的提升,而高层管理者接受的则是领导力的提升,从而打开格局、视野和胸怀。在阿里,高层管理者先会接受**"百年湖畔"**的培训,然后进入企业组织部接受长期的培养。高层管理者的培训内容为阿里"头部三板斧",包括**"定战略""造土壤""断事用人"**三个方面。通过培训,高层管理者会在更高的维度上提升文化、战略、组织等方面的能力。

大家从上面的阿里干部培养体系中可以看出,对于企业来说,形成全面、完善的干部培养体系十分重要,而政委更要明白**"干部要时常回炉深造"**的道理。

另外,在进行干部培养的过程中,政委要注意将培训工作前置,让上一个层级的管理者提前具备下一个层级的管理能力,从而做到干部梯队的**"无缝衔接"**。

5.2.3　落地实战:员工成长的不二法宝

我曾受邀给一家企业的员工做培训。在前期准备的过程中,我了解到这家企业每年都会组织十几场培训,但是效果并不理想。那些接受培训的员工在理论知识方面都有着较高的水平,但是一旦面对实际的工作场景却很难将这些知识转化为实用的方法。

"一学就会,一用就废"是一些企业在进行员工培训时常常出现的问题,而解决这一问题的方法就是加强员工理论知识的**落地实战**,让员工能够将培训中获得的知识运用到工作之中,从而获得真正的成长。

在对员工进行培养的过程中,阿里政委会通过**"沙盘演练"**

"外课内化""学习论坛""落地工具" 四个方面来加强员工对理论知识的运用,从而达到**"在用人中养人"**的效果。

1. 沙盘演练

政委要明白,员工在从学习知识到运用知识的过程中需要跨过很大的障碍,有的员工虽然在培训时能够很好地吸收知识,但是一回到工作场景中知识运用却"惨不忍睹"。为了避免这种情况的出现,政委要尽可能将知识的实践过程进行**前置**,让员工在培训中就懂得如何运用学到的知识。

人的大脑在接受新知识的时候,会经过三个层次,第一层叫**"认知层"**,第二层叫**"情感层"**,第三层叫**"行为体验层"**(见图5-6)。

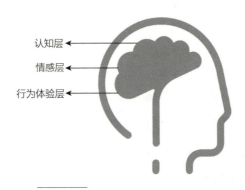

图 5-6　大脑接受新知识的三个层次

当新知识被输入人的大脑时,会先进入**"认知层"**。在这一过程中,人会尝试对知识进行理解和认知。

之后,新知识会进入**"情感层"**,即接受知识的人会对知识产生情感共鸣。比如,在培训员工的时候,讲师所输出的知识正中员工的"痛点",能够解决员工在工作中经常遇到的棘手问题。这时,员工就会对讲师所讲的内容产生情感共鸣,从而更好地吸收知识。

但是，知识只停留在"认知层"和"情感层"是远远不够的，还需要进入**"行为体验层"**。当员工能够通过行为来体验知识所带来的效果时，就能更好地掌握知识，让知识得到真正落地。

对于政委来说，**沙盘演练**是帮助员工将知识落地的重要辅助工具。在培训中，政委可以结合知识要点来设计、模拟一些真实的工作场景，让员工在现实情境中实操演练。

例如，如果政委组织培训是为了提升销售人员的销售技能，那么在培训中政委就可以安排员工进行一对一的销售情景演练，让员工分别扮演客户和销售的角色，直接将学到的知识进行运用。在阿里，这种销售人员的沙盘演练形式又被称为"Roleplay"，能够帮助员工快速掌握销售技巧、提高销售能力。

在组织培训时，政委要尽可能让员工在课堂上进行沙盘演练，并让讲师针对员工的演练过程给出反馈，从而强化员工对知识理解正确的部分、纠正员工理解错误的部分，让员工在之后的实际工作中也能很好地运用这些知识和方法。

2. 外课内化

什么是"外课内化"？要想了解"外课内化"的含义，大家可以先看一看下面的这个案例。

2001年，那时阿里正处于资金短缺的时期，为了在保证培训质量的同时降低培训成本，企业将核心管理层送到外部进行培训。这些参加培训的管理者回到企业后马上组织内训工作，不仅将自己从外部获得的知识和方法推广到企业内部，还在内训的过程中获得了长足的进步。

"外课内化"是政委实现培训落地的重要工具。如果政委让员工到企业外部接受培训，或者请专业的讲师到企业内部为员工培训，接受培训的员工一般只占全体员工的一小部分，而企业内部还有很多没有机会参加培训的员工。这时，政委就可以引导已经接受培训的员工成为企业内部的讲师，让他们将自己学到的知识和方法分享、推广给更多的员工，从而让**"外课"**在企业中**"内化"**。

"外课内化"的方式一方面可以节省培训成本，让培训内容最大化地推广到企业内部，另一方面也可以让参加培训的员工带着任务和责任去学习，并在培训后以**"教学相长"**的形式巩固、加深自己对知识的理解和运用，达到**"以教代练"**的效果。

3. 学习论坛

在培训结束后，阿里政委如何保证员工能将学习到的知识和方法有效地运用到工作中呢？这个问题的答案就是**学习论坛**。每场培训后，阿里政委都会定期举办学习论坛，将参加过培训的员工组织起来，一起讨论自己在运用学到的知识和方法的过程中所遇到的问题以及解决问题的方法。

对于员工来说，学习论坛是一个重要的**"纠偏"**工具。员工在运用新知识、新方法时难免会遇到各种各样的问题和困难。这时，员工如果无法很好地解决这些问题，就会对知识和方法产生怀疑，甚至会将其抛弃，这样就无法达到培训的目的。

如果员工能够将自己遇到的问题记录下来，在学习论坛中与其他员工进行探讨，纠正自己在知识和方法落地过程中的错误，那么员工将获得快速成长。在运用学习论坛这一工具时，政委要制定好论坛的时间周期、讨论主题、论坛形式等。一般来说，学习论坛的时间周期不宜过长，以1~2周为间隔，这样可以帮助员工及时发现问题、解决问题。学习论坛的讨论主题不宜过多，政委最好能够做到**"单点突破"**，每次学习论坛只设定一个主题，以切实有效地解决问题为目的，防止"贪多嚼不烂"的情况出现。学习论坛的形式应以员工平等的互动、讨论为主，不进行单方面的知识输出。

4. 落地工具

在阿里政委中流传着这样一句话：**能够用工具管理的，就不要用流程去管理；能够用流程管理的，就不要一天到晚讲大道理**。政委安排的培训内容能否得到落地，需要政委运用落地工具对员工进行监督和指导，而不是单纯地靠口头上的倡导或是寄希望于员工的自觉性。

在培训结束后，政委要设计好符合企业、员工情况的落地工具。例如，政委组织的培训内容是为了提升基层管理者的管理能力，在培训后，政委就可以通过周报的形式，让参加培训的管理者在周报中详细写出自己在"招聘和解雇""建团队""拿结果"三个方面都做了哪些工作、运用了培训中的哪些方法、最后的效果如何、出现了哪些问题等。通过这种方式，政委可以更好地监督员工的落实情况，把控培训的最终效果。

在促人才的过程中，政委要对培养员工这一方面重视起来，在为员工输出知识和方法的同时，也要注重员工的落地实战，从而真正做到**"在用人中养人，在养人中用人"**。

5.3 抓用人：个个是人才，赛马不相马

"摆在面前的工作太多，根本不知道如何入手""工作繁杂、琐碎，让人'疲于奔命'""每天埋头于招聘工作之中，觉得自己是个'招人工具'"，这些是我在和 HR 交流时常常听到的抱怨。每当听到这些抱怨时，我总会提出这样的问题："你是否知道人力资源工作的重点是什么？"

人力资源管理看似一个庞大而复杂的工程，其实最终都是在解决"人"的问题。HR 通过企业的文化和价值观能够了解企业需要怎样的人才，通过人才战略能够明确建设人才梯队的具体步骤，通过招聘工作能够网罗企业所需人才，通过培训工作能够让这些人才真正融入企业。

在日常工作中，HR 会面对许多繁杂的事务，但是如果能够抓住"人"这一条主线，就能找到工作的重点和核心，而这些看似繁杂的工作最终会落到"用人"二字上。

用人往往是人力资源工作最终的落脚点，也是企业高管和 HR 常常讨论的重要话题。"缺少可用之才"和"有人才却用不好"是摆在企业用人方面的两大难题，而能否解决用人难题也决定着企业能否更好地发展。

对于用人，不同的 HR 有着不同的见解。有的 HR 将学历和工作背景作为用人的重要标准，会轻视那些业务能力很强但是学历不高的人。有些 HR 则认为那些"学院派"的员工都是"书呆子"，

喜欢任用那些敢于突破传统规则的"草根"员工。

当 HR 成为"伯乐"开始"相马"的时候，企业的用人标准就会受 HR 主观想法左右，从而造成部分人才不受重视、部分员工难以获得成长等情况。"日本经营之圣"稻盛和夫说：**"对大部分企业而言缺的不是人才，而是出人才的机制。"** 因此，HR "抓用人"就成为促进企业人才发展的重要手段。

面对如何用人这一问题，"家家有本难念的经"，即使是阿里也走过不少弯路，曾因为"用人不善"导致许多问题的出现。在解决这些问题的过程中，阿里总结出这样的用人经验：**个个是人才，赛马不相马。**

"个个是人才"的意思是企业中的每个员工都是工作的主人，都拥有展现自身价值的舞台，只要努力、认真地工作和成长就会成为人才。"赛马不相马"的意思是企业要为员工提供公平竞争的"赛场"，让每个员工都能充分地展示自我、成就自我，通过事实和数据证明自己的价值，同时尽量避免"伯乐"在"相马"过程中出现主观和片面用人的问题。

现代管理学之父彼得·德鲁克说：**"21 世纪的企业应该是每一个员工都是自己的 CEO，也就是说应该自主做出决策。"**

"个个是人才，赛马不相马"是阿里政委在抓用人过程中秉持的重要原则，同时在这一原则的基础上，阿里政委还会根据**"把对的人放在对的位置""'三信'原则""让员工成为工作的主人"** 三方面开展具体的用人落地工作。

5.3.1 "把对的人放在对的位置"

有一次，我在为一家企业做管理咨询时，这家企业的老板表示自己遇到的最大问题就是"缺少可用之才"。他说："我让人力资源部门加强招聘和培训工作,但是效果却很难让人满意,不仅进入企业的新人无法胜任工作,老员工的工作能力也无法满足企业的需求。"

听完他的表述后,我开始深入这家企业了解情况。经过调查和分析,我发现这家企业的大部分员工都有着不错的工作能力和工作经验,实际情况和企业老板的表述存在明显的矛盾。于是,我找到一些员工,问了这样的问题:"你对自己的工作岗位满意吗?你喜欢现在的工作吗?"很多员工都给予我否定的回答。

当我将这些情况反馈给企业老板后,他显得很惊讶,表示不知道问题出在哪里。我对他说:**"你的企业其实并不缺乏人才,而是没有把对的人放在对的位置。"**

在一些企业中,"缺少可用之才"的情况往往是一种假象,而隐藏在这一假象背后的根本问题是企业没有把对的人放在对的位置。一些企业高层和 HR 有着"恨铁不成钢"的心态,总希望自己的员工是优秀的、完美的,无法接受他们身上存在的缺点和不足。

但是俗话说"人无完人",每个员工都会有自己的长处和短处,如果企业高层和 HR 只是盯着员工的短处,忽视员工的长处,就会主观地认为自己的企业缺少人才。

阿里政委之间流传着这样一句话:**"只要岗位匹配,用人可以不拘一格。"** 在用人的过程中,阿里政委会优先考虑员工的长处是否与岗位要求相符,而不是判断员工是否足够优秀。

在阿里政委看来,一个优秀的团队需要有不同背景的员工,让他们优势互补。当员工抱着取长补短、相互尊重的态度合作时,团队将迸发出强大的力量和凝聚力,员工也会在适合的岗位上不断发挥自身的优势,从而获得成长、实现个人价值。

"把对的人放在对的位置"这样的用人理念在阿里的很多案例

中都有所体现。

曾经领导阿里人力资源工作的阿里前首席人才官彭蕾原本和马云一样，是一名大学老师。但是，马云看到了彭蕾身上的潜力，邀请她共同创立阿里。事实证明，即使没有商业管理经验，彭蕾也能够凭借自己的能力和优势"打下一片天"。

而彭蕾也同样善于发现他人的长处。她提拔了没有任何学历和经验优势的一名员工，从而创造出前台"小妹"摇身一变成长为阿里副总裁的"传奇"。彭蕾还发现了技术"牛人"王坚，力邀其加入阿里。现在，王坚已经成为阿里云创始人、阿里技术委员会主席。

现任阿里影业董事会主席的邵晓锋在加入阿里之前是杭州市公安局刑事侦查支队一大队的大队长。毫无任何商业经验的他依然被马云看中，加入阿里的高管团队，并最终证明了自己的能力和价值。

阿里有着"英雄不问出处"的用人传统，如果员工的能力可以与岗位需求相匹配，往往就会得到重用。

从上述这些案例可以看出，政委在抓用人的过程中，要重点考虑**员工的优势和长处能否匹配岗位的具体需求**，而不是抛开岗位，只考察员工是否优秀、完美。政委要明白，"把对的人放在对的位置"能够让企业的选才方向变得更加宽广，也能够避免因员工无法匹配岗位需求而造成的人才资源浪费，从根本上消除"缺少可用之才"的假象。

5.3.2 "三信"原则：自信、信他、相信

在某些企业中存在这样一种现象，企业招聘了许多看似能力出众的人才，但是这些人才入职后却显得"水土不服"，不仅无法发

挥自己的能力,还无法融入组织和团队之中。他们既缺乏达成企业愿景和目标的信心,又常常对自己的能力产生怀疑。随着时间的推移,他们在面试时展现出的优秀品质被一点点地埋没、消磨掉了。

为什么那些原本优秀的员工会变得平庸?在很大程度上,造成这种情况的原因在于企业没有给予员工"相信"的力量。当员工无法从内心深处信任企业的愿景、目标、制度、产品时,他们就会缺乏坚定前行、努力拼搏的力量和勇气,团队也无法很好地形成凝聚力。

在阿里成立18周年的晚会上,马云说:**"大部分人是因为看见了,所以相信。而阿里这18年走来,是因为相信了,所以看见。"**

在阿里刚刚创立的时候,很少有人相信两个从来没有见过面的人能够在互联网上放心地进行交易。但是,马云和他的创业团队始终保持着坚定的信念。他们相信互联网能够让商家更好地收获成功,能够改变人们的生活。在"相信"的力量的驱动下,他们创立了"中供"、淘宝、天猫、支付宝等,构建起一个庞大的阿里商业体系。

在这一过程中,马云不断地向员工强调愿景和梦想,一次次为员工描绘出阿里未来的景象,让员工相信企业的未来有着无限的可能,"看见"阿里将要取得的成果和成就。

让员工相信"相信"的力量是阿里的重要用人法则。在用人的过程中,阿里政委会通过自信、信他、相信的"三信"原则(见图5-7),让员工感受到"相信"的力量、发自内心地与企业一同前行。

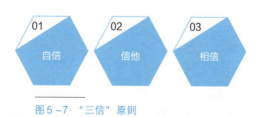

图5-7 "三信"原则

1. 自信

让员工产生自信是政委运用"三信"原则的第一步。法国著名思想家罗曼·罗兰曾说过:**"先相信自己,然后别人才会相信你。"** 如果员工连自己都不相信,那么他也很难相信同事、团队以及企业的使命、愿景和价值观。

古人说:**"人不自信,谁人信之?"** 所以,政委要在用人的过程中使员工产生足够的自信,这样才能让他们在工作时更有**"底气"**,激发出他们的热情和动力。

让员工产生"自信"的道理很简单,但是实际操作却并不容易。政委让员工产生自信有三个必要条件,一是让员工拥有足够的**专业技能**,二是让员工**"挣到钱"**,三是肯定员工的每一次**进步**。

政委要为员工制定出合理的成长计划,帮助员工提升业务能力,让他们能够更加得心应手地开展工作,能够更好地克服工作中遇到的种种困难,从而在专业技能方面建立起足够的自信。

在新员工入职后,政委要思考自己能不能确保他们在三个月内在企业立足,在六个月内"挣到钱"。很多时候,企业无法留住人才、员工缺乏工作动力这些问题的原因在于员工在经济方面缺乏安全感。因此,政委要在这方面给员工"吃下定心丸",让他们"挣到钱",从而建立起足够的自信和对企业的信任。

同时,政委还要注意,当员工取得一些成绩时,要及时给予员工正面的肯定和真诚的赞美,并让员工在团队中分享经验,让员工从中获得自信、强化自己的正确行为。

2. 信他

我很喜欢这样一句话:**"自信者信他,信他者自强。"** 这句话的意思是，自信的人相信他人，相信他人的人也能够从内心中生发出强大的力量。

让团队成员之间彼此产生信任感是政委在用人过程中需要着重落实的工作。当员工敢于将"后背"交给自己的"兄弟"时，团队将营造出相互支持、取长补短的氛围，产生更强的凝聚力。所以，政委要实实在在地为员工打造**"信他"**的"土壤"。

多年的企业培训经历让我见到过很多企业和团队，有些团队更像是"团伙"，成员之间只有利益关系，没有情义关系。而阿里这样定义团队：**一群有情有义的人，在一起做一件有价值、有意义的事**。

政委要努力让员工"信他"，让员工在共同的目标下一起奋斗，实现理想和愿景。要做到这一点，政委就要知人心、懂人性，不断走进员工的内心。

3. 相信

政委先要让员工产生"自信"和"信他"，然后才能实现第三个层面——"相信"。所谓"相信"，就是政委让员工发自内心地相信梦想，相信企业的使命、愿景和价值观，相信"相信"的力量。要做到这一点，政委需要在用人的过程中做到以下三点。

（1）政委拥有"相信"的力量

作为政委，首先要让自己拥有"相信"的力量。如果一个政委连自己都不相信企业的使命、愿景和价值观，就没有权利要求员工去相信，同时政委也会在语言和行为方面透露出不信任感，很容易让员工识破这种"伪善"的行为，给员工留下"欺骗"的糟糕印象。政委自己不信却让员工相信，这就叫"忽悠"。

（2）不断描绘愿景

政委要在日常工作中不断为员工描绘企业的愿景，让那些

"诗和远方"变得可以"**看见**"。比如，政委可以通过讲故事的方式不断传达企业的愿景，用生动形象的故事来赋予企业愿景以"灵魂"。

在这方面，阿里政委就做得很到位。无论是在年会、月会还是在日常的团建活动中，阿里政委都会通过一个个故事向员工描绘愿景，让员工相信企业达成愿景的能力和信心。

（3）庆祝阶段性胜利

政委要懂得为阶段性胜利庆功。一个宏大的企业愿景可能会让员工觉得抽象，并且难以获得足够的感知，但是一些阶段性目标却显得"触手可及"，能够很好地提高员工的信心。这就像是一个人在深夜开车，虽然车灯只能照出300米的距离，但行驶到300米的地方后又可以看到更远处的300米。

当团队或员工达成一定的目标后，政委要及时庆祝阶段性胜利，并且带领员工展望更大的目标。通过一次次庆祝和一次次展望，员工的信念将不断被强化，从而让员工慢慢地从自信、信他到相信"相信"的力量。

我在阿里做政委的时候，会经常把客户对团队的感谢和对阿里的正面反馈，以邮件、短信、微信、PPT展示等方式及时分享给员工，让员工感受到自己工作的价值与意义，从而相信阿里的愿景可以实现。

政委需要懂得随时庆祝，即使是一些看似微不足道的小事也要去庆祝。在阿里，如果今天没有值得庆祝的事情，阿里政委也会想方设法地制造胜利去庆祝。阿里政委明白，在庆祝的过程中，团队和员工会不断增强"心力"，真正做到**"从胜利走向胜利"**。

在用人的过程中，政委要不断为员工营造出"相信"的氛围，并让这种氛围变成团队的底层信任,成为组织的基因和信仰。就像稻盛和夫所说的一样:**"只有你相信了,你才能突破障碍。"**

5.3.3　让员工成为工作的主人

无法唤起员工的内在动力是政委在用人过程中常常遇到的难题。当员工出现散漫、拖延、不求上进等问题时,政委如果只是单纯地通过罚款、调岗、降职、辞退等方式进行处理,不仅无法从根本上解决问题,还会给员工留下"不近人情""简单粗暴"的不良印象。

用人是一门学问,而这门学问的核心就是通过合理的方法来达到激发员工内在动力的目的。那么,政委如何才能让员工发自内心地努力工作呢?问题的答案其实很简单,就是**"让员工成为工作的主人"**。

有些员工会认为自己是在为企业工作、为老板工作、为主管工作,就不认为自己是在为自己工作。当"打工人"成为网络热词时,说明当今社会越来越多的人将工作简单地视为一种谋生、挣钱的手段。如果员工认为自己是在为别人"打工",那么员工自己就无法由内而外地成长,很多用人方法和激励政策也会失效。

政委要想彻底改变员工干劲不足、积极性不强的问题,就要想办法让员工成为工作的主人,让组织的工作成为员工自己想要做的工作,从而激发他们的工作热情和动力。

政委有三种方法能够让员工成为工作的主人:第一,强化员工的主人翁意识;第二,用共同的目标驱动员工;第三,通过适度的授权激励员工(见图5-8)。

图 5-8 让员工成为工作的主人的三种方法

1. 强化员工的主人翁意识

政委强化员工的主人翁意识是让员工成为工作的主人的第一步。

小米科技的创始人雷军曾在给新员工做入职培训时说:"在你上班的第一天就要告诉自己,我在这工作,每天的工作就是来增加我的能力、我的接触,丰富我的经验,我不是为公司工作,也不是为领导工作。"

很多时候,员工在心态上是在为自己工作还是在为企业、老板工作,这直接决定了其工作的过程和结果。政委要想办法让员工看到努力工作能够为他们的生活和成长带来怎样的变化,让他们明白努力工作不仅能够获得物质上的奖励、改善自己的生活,还能让自己的能力、思维和视野得到提高,让自己的个人价值得以实现。

政委通过不断加强员工主人翁意识的方式,可以改变员工的观念和想法,从而调动员工的内心积极性,提高员工的工作热情和动力。

2. 用共同的目标驱动员工

有些员工存在这样一种想法：团队有很多优秀的人才，即使我偶尔偷一下懒也没有关系，因为这些优秀的人才创造的价值会让团队向前发展。

政委要警惕这种想法的出现，因为这种想法会像"病毒"一样在团队中迅速传播。如果团队的大部分成员都寄希望于通过他人的成功来"坐收渔翁之利"，那么整个团队将陷入没有斗志和激情的窘境，团队也难以向前发展。

以阿里为例，阿里不是凭借马云一个人的能力就能发展起来的。阿里之所以能够取得如今的成就，正是因为马云的身边聚集着一群努力拼搏、不畏困难的阿里人。在这些人看来，他们努力工作、挥洒汗水的目的是为了帮助阿里实现企业愿景，并在这一过程中实现他们共同的目标和理想。

政委要想办法让大家拥有共同的目标，让员工意识到目标不仅仅是企业的目标、领导的目标、自己的目标，更是整个团队的目标，是所有人共同的目标。政委通过这种共同目标的激励，能够让员工心甘情愿地做好自己的工作。

3. 通过适度的授权激励员工

在一些企业高管和 HR 眼中，自己的员工总是显得有些平庸，没有什么突出的能力，因此无法委以重任。这种看法往往会导致组织陷入"无人可用"的"死循环"。

阿里政委则会换个角度看问题。在阿里政委看来，每个员工都具有无限的潜力，而自己要做的事情就是通过用人调整来开发员工的潜力。因此，阿里政委会**通过适度的授权激励员工**，让员工把工作当作自己的事情。

我的一个阿里前同事在这方面就做得很好。他曾向我分享自己的工作经验。他表示自己常常将部分权力分给下级的主管，让他们履行更多的职责，肩负更多的责任。当这些下级主管获得更多授权的时候，他们明显干劲高涨，并且因为需要站在更高的视角和维度来运用这些权利，所以他们能力的提升也非常明显。

阿里政委通过适度授权的方式来开发员工的潜力，并让员工具有主人翁意识，将工作视作自己的事情，**"让工作成为工作的奖赏"**。在授权的激励下，员工可以**从平庸走向卓越**，能够站在更高的平台上锻炼自己的能力，开拓自己的视野和格局，并且为企业带来更有价值的回报。

"个个是人才，赛马不相马" 是阿里政委抓用人的重要标准。政委要将企业中的每个员工都视为人才，为员工搭建相互竞争、共同成长的"赛道"，努力挖掘员工的潜能和价值，让员工能够在良好的氛围中帮助企业迈上更高的"台阶"。

5.4 抓赋能:拴心留人的三大招式

在做企业培训的过程中,我常听 HR 提出这些疑问:

"为什么辛辛苦苦招的人没过几天就离职了?"
"为什么岗位薪资很高也无法留住员工?"
"为什么'95后''00后'的员工离职率居高不下?"
……

面对这样的疑问,我会说:"大家要找到真正扣动员工心灵的'扳机',这样才能做到为企业'拴心留人'。"

很多时候,企业无法留住员工的原因在于无法满足员工的需求。根据马斯洛需求层次理论(见图5-9),员工在不同的阶段会产生不同的需求,只有在低层次需求(比如生存)得到满足后,才会产生更高层次的需求(比如成长、价值、成就)。

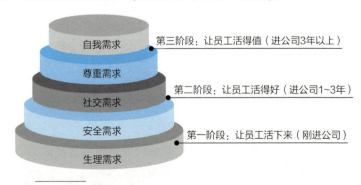

图5-9 马斯洛需求层次理论

因此，政委要用不同的方式来满足员工不同阶段的需求，从而更好地帮助员工达成期望的目标。

那么，政委如何才能满足员工的需求呢？

阿里前战略顾问曾鸣曾提出过这样一个概念："**未来组织最重要的原则已经越来越清楚，那就是赋能，而不再是管理或者激励。**"

赋能是阿里满足员工需求的重要方式。所谓"赋能"就是管理者或政委通过引导员工、满足员工需求的方式，让员工喜欢并热爱自己的工作，让员工感知并发挥自身的价值。

阿里政委的赋能方式有三种，一是物质激励，二是精神激励，三是发展激励。（见图 5-10）。阿里政委通过这三种赋能方式"拴心留人"，努力满足处在不同阶段的员工的不同需求。

图 5-10　拴心留人的三大招式

5.4.1　物质激励：让员工活下来

刚刚进入企业的员工往往会带有质疑的心态，会产生"能否在这家企业赚到钱""能否凭借薪水养活自己和家人"等疑问。新员工的这些疑问其实是由生存需求所引发的。

如果一名员工无法通过工作所得来满足自己的生存需求，那么企业也无法奢望这名员工能够心甘情愿地创造价值。"**让员工活下来**"是政委首先要考虑的问题，而**物质激励**就是解决这一问题的重要方法。

我记得在2006年的阿里年会上,马云曾面对所有员工这样说:"在场的所有人,五年之后你们都会成为百万富翁。"这就是一种物质激励的方式。

政委如何运用物质激励呢?

在薪资方面,政委要尽可能让员工的薪水达到行业的平均水平,这样能在很大程度上打消员工的疑虑,让员工在经济方面获得心态上的平衡和满足。

除了在薪资上满足员工的需求,政委还要制定出合理的奖励机制,通过奖金、股权、调薪等财富激励方式激发员工的工作热情和动力,让员工在收获物质奖励的同时增强对企业的信任感。

5.4.2 精神激励:让员工活得好

政委"让员工活下来"后,就要开始思考如何才能**"让员工活得好"**。

政委要明白,现在"90后""95后"甚至"00后"已经开始成为企业的中坚力量,而这些年轻员工不仅要满足自己的生存需求,还要满足自己的精神需求。现在的年轻员工一般都有着较好的成长环境和生活条件,因此他们更加看重工作环境能否让其感到开心、上司能否令其认同和信服。

面对这样的需求,政委可以运用**"精神激励"**的方式,通过文化活动、共创等形式让团队信息透明、彼此信任,用马云的话讲就是"可以把后背交给伙伴"。

5.4.3 发展激励:让员工活得值

满足了物质需求和精神需求后,员工会开始关注自身价值的实现,会开始拥有更高境界的追求。

"让员工活得值" 是阿里政委"拴心留人"的重要手段。有些企业会通过管控、驾驭的方式来管理员工；但是阿里政委反其道而行之，通过**"发展激励"** 不断激发员工对于责任、成就、价值的感知与渴求，让员工在自我管理的过程中燃起心中的"火焰"。

　　在实际工作中，阿里政委会通过培训、辅导、实战等形式帮助员工快速成长，获得能力上的提升。

　　在阿里，新员工在入职时会接受大量的培训，学习"百年"系列课程，并到专业岗位进行锻炼，比如运营大学、产品大学、技术大学和"罗汉堂"等。而老员工也会定期接受系统的培训，并且能够在企业内网获得大量免费的课程资源和学习资料。

　　很多阿里人都将能力的提升视为自己的重要财富，对成长的渴望甚至会超过对提升薪资的渴望。

　　政委要想"让员工活得值"，行之有效的方法就是"发展激励"。政委要不断帮助员工收获成长，让员工明白能力也是自身财富的重要组成部分，只有不断提升自己的能力才能在企业立足，才能为自己创造更好的未来。

　　面对那些渴求实现自我价值的员工，阿里政委会给予对方足够的鼓励和支持，让他们承担更重要的工作和职责，通过**"以事驱人，以事育人，以事成人"** 的方式让他们感受到工作的价值与魅力，让他们"活得精彩""活得值"。

　　通过"物质激励""精神激励""发展激励"三种方式，政委可以很好地赋能员工，让员工喜欢并热爱自己的工作，在收获成长、实现个人价值的同时推动企业的发展，成为与企业"志同道合"的坚实伙伴。

5.5 促人才工具：人才盘点

很多企业高层都知道，组织中最宝贵的资产其实是人才，但是行动上却恰恰相反——很多企业每年都会盘点固定资产，但是却不盘点人才这一最宝贵的财富。这是一种很奇怪的现象。

在阿里，人才盘点是阿里政委促人才的重要工具。通过人才盘点，阿里政委可以清楚了解组织中现在有哪些人员，在当前的业务流程和分工下，这些人员应该如何配置，企业还需要什么样的人才，哪些人员不符合企业需求需要淘汰，不同的岗位类别分别需要多少员工，企业哪些岗位存在空缺，这些空缺的岗位应如何填补等。

5.5.1 为什么要做人才盘点

人才盘点是制定**人才战略**的重要环节。通过人才盘点，政委可以挖掘出组织中具有潜力的人才，并了解他们在哪些方面存在问题和不足。针对这些人才的短板，政委可以制定出相应的培训计划，从而让这些人才得到快速成长。

人才盘点完成后，政委可以制定出未来的人才培养计划，设计出整个组织的提升方向，从而为打造一个优秀的团队奠定良好的基础。

除了筛选、培养新晋人才外，人才盘点还可以帮助政委从实际业务情况出发，对组织中的员工进行全面评估，找出他们的发展方向，向他们提供有效的发展建议，协助他们制定发展规划，让他们能够更好地为组织贡献力量。

人才盘点可以加强政委对人才的关注，提高政委识人、用人的能力，并为企业的发展储备强有力的后续力量。

政委进行人才盘点的核心在于**清晰了解每个员工最适合的位置**，从而建立各个层级的人才储备库。

以阿里为例，马云一般会在年末或年初的时候进行人才盘点，并根据人才盘点的结果制定出一年的工作计划。比如，在 2012 年至 2013 年的人才盘点大会结束后，马云根据人才盘点结果，将阿里组织部中的 20 多名管理者进行调职、轮岗处理。

在轮岗的过程中，这些管理者不断学习、积累经验，了解不同的工作内容，更为深入地认识组织情况和战略方向，从而弥补了自己的不足，获得了能力上的提升。

通过人才盘点，阿里政委可以发现组织成员的优势和不足，根据他们的特点向他们提供更为适合的岗位，并且为他们量身打造出符合其个性特点的培养计划与激励政策。阿里政委通过人才盘点建立起运转有序的人才储备库，使人才不停流转，从而不断激发员工和组织的活力。

在完成人才盘点后，阿里政委还会进行**人才复盘**，检查人才问题的解决情况以及人才培养计划的落实效果。通过反复盘点和复盘，阿里政委能够为企业筛选出真正的人才，并且打造出一个充满生命力的人才梯队。

5.5.2 人才盘点"六部曲"

人才盘点需要政委与管理者共同协作完成。政委主要负责**制定流程**，而管理者主要负责**确定人才管理计划**。在人才盘点的过程中,只有政委和管理者做到齐心协力,才能推进组织的人才队伍建设。

在人才盘点的过程中,阿里政委会通过**人才盘点"六部曲"**(见图5-11)来制定详细的人才盘点流程,协助管理者确定人才管理计划。

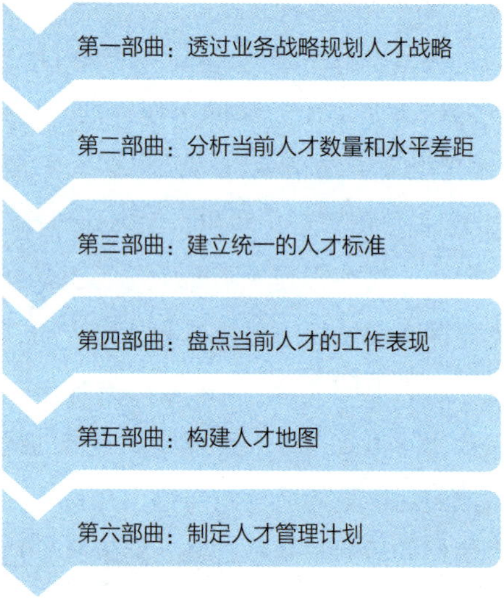

第一部曲:透过业务战略规划人才战略

第二部曲:分析当前人才数量和水平差距

第三部曲:建立统一的人才标准

第四部曲:盘点当前人才的工作表现

第五部曲:构建人才地图

第六部曲:制定人才管理计划

图5-11 人才盘点"六部曲"

1. 第一部曲:透过业务战略规划人才战略

政委在进行人才盘点时,需要与组织的业务战略紧密结合,否则就会让人才盘点成为"空中楼阁"而失去意义。因此,政委人才盘点的第一部曲就是透过业务战略来规划人才战略。

在这一过程中,政委要根据组织的业务战略思考当前的组织架构应当如何调整、有哪些岗位需要成为关键岗位、这些岗位上的员工需要具备哪些核心能力等问题。在这一过程中,政委也可以参考相同行业的标杆企业,分析、研究这些企业的成功方法,并与其组织架构、人才模型进行深度对标，从而制定出合理的人才战略。

2. 第二部曲：分析当前人才数量和水平差距

在通过业务战略确定人才战略后，政委要开始对当前的人才数量和水平差距进行充分了解和分析，从而掌握组织的整体人才状况，挖掘其中存在的问题和不足。

政委要明白，随着时间的推移，员工在年龄、心态、工作能力等方面都会发生变化，而组织的业务需求也在发生变化，因此员工的胜任能力、岗位职责、在岗数量不会一成不变。所以，政委在分析当前人才数量和水平差距时，要充分考虑在岗人员的变动和流失以及新进员工的具体情况，以数据统计的形式将真实的情况记录下来，为之后制定人才管理计划提供参考。

3. 第三部曲：建立统一的人才标准

政委建立统一的人才标准可以让组织的人才管理变得系统化、科学化、高效化。同时，建立统一的人才标准也是人才盘点成功的基础。

人才标准一般分为两个层面，一是员工的核心能力，二是岗位所需的业务技能。在建立统一的人才标准时，政委需要充分考虑组织的战略需求和用人岗位的需求，从实际情况出发建立人才标准。

比如，阿里的销售岗位会通过"北斗七星"选人法来确定人才标准，而"北斗七星"选人法就是根据阿里的企业文化、战略需求和销售岗位的具体要求制定出来的。

4. 第四部曲：盘点当前人才的工作表现

在阿里，政委会根据**业务**和**价值观**两大维度来衡量现有人才的工作表现，通过**双轨制绩效考核**评估人才的工作结果。阿里政委会根据员工在这两个维度下的不同表现,将其划分为"明星"式员工、"小白兔"式员工、"野狗"式员工、"牛"式员工和"狗"式员工五种类型,并针对不同类型的员工采取不同的管理方式。

5. 第五部曲:构建人才地图

政委通过前四部曲的人才盘点结果,可以构建出相应的**人才地图**(见图5-12)。通过人才地图,政委能够直观地帮助管理者进行人才管理计划的制定和决策,从而确保促人才工作的推进与落实。

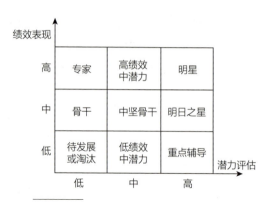

图 5-12 阿里人才地图

阿里人才地图有两个坐标轴,纵轴是**绩效表现**,横轴是**潜力评估**。在运用人才地图时,政委可以根据当前员工的绩效和潜力将其放入人才地图中的不同位置,从而更直观、清晰地了解组织当前的人才构成情况,并针对不同的人才制定出不同的培养方案和管理方法。

6. 第六部曲:落实人才管理计划

政委和管理者最后要一起根据人才盘点的结果落实人才管理计划,淘汰不符合要求的员工,奖励表现优异的员工,培养具有潜力的员工，调整能力不适应当前岗位的员工的职责，制定出空缺人才的招聘计划等。

通过人才盘点工具，政委可以更好地帮助组织推动人才战略规划，让组织拥有充足的人才储备，培养出更多的优秀人才，获得更强的人才竞争力，进而落实业务战略、达成业务目标、实现长足发展、保持领先地位。

第6章

提效能：政委如何帮组织提效能

如何提效能常常是企业关注的"头等大事"，也是阿里政委需要思考的重要问题。针对提效能，阿里政委主要有三大招：双轨制绩效考核、"271"制度和团队建设。

6.1 提升组织效能工具一：双轨制绩效考核

有些企业，尤其是中小型企业，往往过于看重员工的业绩结果，而忽视了对员工价值观的考核。在这样的企业里，价值观只是挂在墙上的"口号"，员工在工作中即使做出再多违背价值观的行为，只要业绩出众就会得到嘉奖。久而久之，所有的员工都开始对价值观视若无睹，以各种不良手段来获取业绩，组织的氛围变得越来越糟糕，企业在客户群体中的口碑也越来越差。这样的企业最终往往会走向"灭亡"的境地。

被誉为"世界第一CEO"的杰克·韦尔奇说："对每个人做评估，除了看他们的绩效有没有达到指标外，还要考察他的价值观是否与公司的价值观吻合……现实证明，很多公司接受了能达到绩效指标但素质很差的经理，造成公司价值观最终的崩溃。这种人是造成企业灭亡的罪魁祸首。"

从这段话中可以看出，组织不仅要考核员工的业绩，还要考核员工的价值观，因为价值观往往决定了组织未来的命运。阿里对绩效考核的看法就是如此，不仅看重业绩结果，还十分重视对员工价值观的考核。

马云说："价值观并非虚无缥缈的理念，价值观需要考核。不考核，这些价值观是没用的。"

正是基于这样的观点，马云于2001年力邀在通用电气公司工作了 25 年的关明生加入阿里,帮助企业打造出一套有效提升组织效能的绩效管理制度——**双轨制绩效考核**(见图 6-1)。这套绩效管理制度对员工的业绩和价值观两个维度进行考核,两个维度的考核各占比 50%。

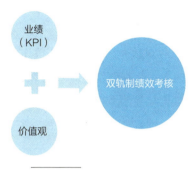

图 6-1 阿里的双轨制绩效考核

马云非常看重双轨制绩效考核。他说:"我们公司的考核制度是价值观占 50%,业绩占 50%,这种方式在中国是独特的。我们要坚持走下去,如果有一天我们成功了,这套东西会被很多企业学去,这样我们的 DNA 就会传到别的机体里,我们的灵魂就会延续下去。"正是由于对双轨制绩效考核的重视,阿里的价值观才没有变成空泛的口号,而是体现在企业的每一个角落。

在阿里政委看来,脱离了文化和价值观的绩效是没有意义的,只有像考核业绩一样地考核员工的价值观,才能帮助组织持续健康地发展。这也正是双轨制绩效考核的重要价值。在这样的绩效管理制度下,阿里政委有了明确的考核方向和标准,通过科学的考核流程、评估原则和辅导机制对员工的业绩结果和价值观进行"双轨"考核,既提升员工的业务能力,又让员工保持一个良好的价值观,从而帮助组织快速提升效能。

6.1.1 双轨制绩效考核的流程及评估原则

要想运用好双轨制绩效考核,政委要了解其流程及评估原则,并明白政委在绩效考核工作中所要进行的具体工作。

1. 双轨制绩效考核的流程

在阿里,政委会对双轨制绩效考核的整体流程进行监督和把控,保证绩效考核的各环节得到切实有效的落地。

在流程方面,双轨制绩效考核遵循以下步骤:目标设定——员工自我评价——部门主管打分——政委审核、汇总与反馈结果(见图6-2)。

图6-2 双轨制绩效考核流程图

(1)目标设定

在**目标设定**环节中,员工、部门主管和政委要一起根据当前**业务需求**和**员工个人能力**制定出合理的目标,并将这一目标作为员工的业务考核标准。

以业务人员为例,业务人员的目标一般分为**业绩目标**和**过程指**

标两个方面，其中过程指标又由业绩目标拆分得来。比如，员工A下个月的业绩目标是12万元，员工A要想达成这一业绩目标，需要完成拜访60个客户、达到10%的转化率、每周达成4万元业绩等过程指标。

在具体施行过程中，政委可以召集员工和部门主管一起开会，以讨论的形式制定出下一阶段的员工业绩目标，并根据目标拆分出合理的过程指标。目标设定的重点是员工与部门主管、政委达成共识。如果出现分歧，政委要将分歧的重点提炼出来，督促大家充分讨论。目标确定后，员工要根据目标进行下一阶段的工作，并在规定时间接受绩效考核。

（2）员工自我评价

在**员工自我评价**环节，政委需要向员工发放绩效考核评分表，让员工对自己的工作情况进行自我评价。员工自我评价要从**业绩**和**价值观**两个方面进行。政委要知道，业绩往往可以通过数据进行评价，但是价值观则相对抽象。因此，政委可以要求员工在做价值观自评时写出具体的案例，以此让评价更为具象、准确。

比如，一名员工给自己的"团队合作"打了4分。那么，这名员工需要写出自己在工作中做了哪些具体的符合"团队合作"要求的事情。

（3）部门主管打分

员工自我评价结束后，政委要向部门主管发放针对员工的绩效考核评分表，进入**部门主管打分**环节。部门主管同样要从**业绩**和**价值观**两个方面对自己部门的每个员工进行评分。

（4）政委审核、汇总与反馈结果

评分环节结束后，政委要及时收集员工和部门主管的绩效评分表，并进行**审核、汇总与反馈结果**三项工作。

首先，在审核过程中，政委要重点查看员工自我评价和部门主管打分中存在较大**差异**的部分，并针对差异与员工和部门主管进行沟通，详细了解实际情况，最终做出仲裁。大家可以通过一个具体的案例来理解政委审核的过程。

我之前带团队时，在一次绩效考核中，一名员工在对"客户第一"这条价值观做自评时打出4分，而他的部门主管只给他打出1分。在进行绩效评分审核时，我通过对双方的考核评分进行对比，发现了这一明显的分数差异。为了解决这个问题，我分别找到这名员工和他的部门主管了解实际情况。

员工认为，自己在销售过程中处处为客户着想，对于客户提出的问题自己都尽可能解答，努力满足客户的需求。但是，当我要求员工给出具体的工作案例时，员工却无法拿出有力的证据来证明自己评分的有效性。

部门主管则举出了实际案例。他表示，很多客户都曾投诉这名员工，认为这名员工的服务态度强硬，服务也不及时，有时还会不处理客户的问题，把客户"晾"在一边。部门主管将客户的投诉内容展示给我，并且表示自己曾将这一问题反馈给这名员工，但是情况并没有得到改善，因此判定这名员工在"客户第一"价值观方面不合格。

我在了解到实际情况后，认为部门主管的评分是合理的，最终将这名员工的"客户第一"价值观的评分认定为1分。

在审核过程中，政委要针对员工与部门主管的打分差异同双方进行沟通，以实际工作案例作为重要评判依据，从而保证绩效考核的公平与公正。政委要**避免"偏听偏信"**的情况，杜绝员工自我感觉不准确或部门主管因个人原因打压下属的问题。

另外，当员工自评和主管打分不一致时，也容易出现冲突的情况。出现这种情况时，政委应当如何处理呢？大家可以看一看真实发生在阿里的一个案例。

一位市场部总监给一名员工的绩效打了最低的3.25分，这就意味着这名员工要进行绩效改进，如果绩效改进不合格就要被淘汰。绩效考核结果公布后，这名员工十分生气，认为自己的绩效成绩即使不是3.75分也应该是3.5分，怎样也不会是3.25分的水平。

于是，这名员工到阿里内网（阿里内部网络交流平台）上发布帖子，控诉总监给他"穿小鞋"，认为总监对他做出的许多成绩都不认可，平时总监也常常显露出看不惯他的样子。这个帖子在阿里内网迅速"引爆"舆论，一晚上被"顶帖"上万次。

面对这名员工的"申冤"，阿里的做法就是秉承简单、透明、开放的原则，临时建起一个网络直播间，将市场部总监、这名员工、与员工平级的同事以及政委全部召集到直播间，在内网上现场直播，讨论这件事的原委到底是怎样的。

直播一开始，员工先诉说那些让自己感到委屈的事情。他首先要求总监在平时与他沟通时做到就事论事，不能对他进行人身攻击；其次，他要求他负责的项目取得成绩时总监要予以足够的肯定；最后，他要求总监更改绩效评分。

这名员工说完后，他的平级同事开始发言。许多同事都表示，这名员工口中标榜的成绩和贡献其实是团队共同努力的结果，这名员工在整个项目中只负责了一小部分的工作，并没有他所认为的"成绩突出"，另外这名员工在平时工作中很难融入团队，团队中的许多人都不喜欢他的做事风格，比如他存在"从不买单""自以为是""趾高气扬"等行为，因此这名员工的绩效评分就应该是低分。

在评价完这名员工后，同事们也纷纷指出总监确实存在心胸不够宽广、与员工沟通时态度不好、不及时反馈问题而"秋后算账"等不足。

听了所有人的发言后，上级领导和政委看清了整个事件的原貌，于是马上做出决定——这名员工的绩效评分不变，并且需要接受绩效改进，如果绩效改进不合格将被淘汰；而市场部总监因为没有向员工及时反馈问题，导致绩效结果让员工感到惊讶，所以降职一级。

这样的决定让大部分观看这场直播的员工都感觉十分公正，原本剑拔弩张的"穿小鞋"事件也得到了化解和平息。

从这个案例可以看出，在出现员工与主管因为绩效评分而产生内部冲突时，政委要秉承简单、透明、开放的原则，在还原事实的基础上做出正确的判断，进而化解双方的冲突和矛盾。

其次，在确定好所有员工的绩效考核结果后，政委要根据组织的实际情况和相关制度进行**绩效汇总**工作，看一看哪些员工的绩效优异，哪些员工的绩效落后，并将考核结果与激励挂钩，从而激励员工更好地提升自我。

最后，政委要将绩效考核结果反馈给员工和部门主管，让员工清晰地**认知自我**，让部门主管**找到管理上的不足**。在阿里，反馈结果的工作会以**绩效面谈**的形式进行。

2. 双轨制绩效考核的评估原则

双轨制绩效考核分为**业绩评分**和**价值观评分**两部分，两者各占50%，下面就是两者各自的评估原则。

(1) 业绩评分

在双轨制绩效考核中，业绩评分一般分为4个档位，分别是

3.25分、3.5分、3.5+分、3.75分。在进行业绩评分时，政委可以设定目标整体完成情况、过程指标完成情况、工作胜任能力、员工职业素养等维度让员工和部门主管进行评分。

在设定业绩评分的过程中，政委要让员工的业绩档位呈**正态分布**，即最高分和最低分的员工都只占少数、大部分员工居于中间的档位。这样可以让业绩优秀的员工成为其他员工的榜样，让业绩落后的员工得到警醒或被淘汰。

在实际操作时，政委不仅要看员工个体的业绩完成情况，还要进行整个团队或部门的**横向比较**。比如，一个员工虽然达成了业绩目标，但是其他员工不仅达成了业绩目标，还远远超出了业绩目标。这时，这名员工的业绩评分仍然要处于最低的档位。

政委要知道，员工或部门主管在定目标的时候可能会出现失误，将目标定得过高或过低。为了弥补这样的失误，政委就要在业绩评分时进行宏观把控，通过横向比较的方式进行档位的划分，从而有效地**提升组织效能**。

(2) 价值观评分

价值观评分与业绩评分不同，政委不需要对价值观评分进行档位的正态分布。因为，如果政委也对价值观进行人为的档位调整，那么就会出现强行找出"坏人"进行打压的情况，这会破坏组织的团结和稳定。因此，团队所有员工的价值观处于相同水平是十分正常的现象。

在设置价值观评分标准的时候，政委要根据组织价值观的具体内容来制定评分细则。以阿里为例，阿里从客户第一、团队合作、拥抱变化、诚信、激情、敬业六个方面设置价值观评估原则，并对每一条价值观都给出了具体的行为指导规范，不同的行为会对应不同的分值（见表6-1）。

表 6-1 阿里价值观考核评分表

考核项目	分值	评价标准				
		1	2	3	4	5
客户第一		尊重他人,随时随地维护企业形象	微笑面对投诉和受到的委屈,积极主动地在工作中为客户解决问题	在与客户交流的过程中,即使不是自己的责任也不推诿	站在客户的立场思考问题,在坚持原则的基础上,最终达到客户和企业都满意的结果	具有超前的服务意识,防患于未然
团队合作		积极融入团队,乐于接受同事的帮助,配合团队完成工作	决策前发表建设性意见,充分参与团队讨论;决策后无论个人是否有异议,必须从言行上完全支持决策	积极主动地分享业务知识和经验,主动给予同事必要的帮助,善于利用团队的力量解决问题和困难	善于和不同类型的同事合作,不将个人喜好带入工作,充分体现"对事不对人"的原则	有主人翁意识,积极正面地影响团队,改善团队士气和氛围
拥抱变化		适应企业的日常变化,不抱怨	面对变化,理性对待,充分沟通,诚意配合	面对困难和挫折,能自我调整,并正面影响和带动同事	在工作中有前瞻意识,找到新方法和新思路	适应变化,取得优异绩效

第6章
提效能：政委如何帮组织提效能

(续)

考核项目	分值	评价标准				
		1	2	3	4	5
诚信		诚实正直，言行一致，不受利益和压力的影响	通过正确的渠道和流程，准确表达自己的观点，表达批评意见的同时能提出相应的建议，做到直言不讳	不传播未经证实的消息，不在背后不负责任地议论事和人，并能正向引导	勇于承认错误，敢于承担责任；客观反映问题，对损害企业利益的不诚信行为严厉制止	坚决执行企业标准
激情		喜欢自己的工作，认同企业的文化	热爱企业，顾全大局，不计较个人得失	以积极乐观的心态面对日常工作，不断自我激励，努力提升业绩	碰到困难和挫折的时候永不放弃，不断寻求突破，并获得成功	不断设定更高的目标，今天的最好表现是明天的最低要求
敬业		上班时间只做与工作有关的事情，没有因工作失职重复犯错	今日事今日毕，遵循必要的工作流程	持续学习，自我完善，做事情充分体现以结果为导向	能根据轻重缓急来正确安排工作的优先级，做正确的事	遵循但不拘泥于工作流程，化繁为简，用较小的投入获得较大的工作结果

值得注意的是，阿里的绩效考核遵循**"通关制"**，即员工只有符合上一条行为标准，才有资格判断下一条行为是否符合标准。比如，在拥抱变化中，即使员工符合"在工作中有前瞻意识，找到新方法和新思路"，但是不符合"面对变化，理性对待，充分沟通，诚意配合"，那么他的这条价值观评分也只能为"1分"而不是"4分"。

政委可以参考上面的评分表制定出适合自己组织的价值观考核评分表。同时，政委还要将价值观评分与激励机制融合为一体，通过价值观评分来判定员工是否可以获得奖金、调薪、晋升、期权等奖励，这样可以让组织价值观真正落实到员工的行为上。

6.1.2 "明星""小白兔""野狗""牛""狗"五种类型员工的对待方式

在任何一个组织里，会有既业绩出众又与组织价值观相符的人，也会有价值观很好但业绩不好的人，还会有业绩十分出色但经常违反组织价值观的人，更会有许多业务能力和价值观都处在中等水平的人。

政委要想帮助组织提升效能，就要了解不同类型的员工的特征、为团队带来的影响以及处理方式。政委只有通过合理、严谨的绩效考核制度，用正确的处理方式对待不同类型的员工，才能做到知人善用，**有效提高组织效能**，让组织健康发展。

阿里通过双轨制绩效考核制度，从业绩和价值观两个维度将员工划分为5种类型，分别为"**明星**""**小白兔**""**野狗**""**牛**"和"**狗**"（见图6-3）。每种类型的员工都有着明显的特点，也会给团队带来不同的影响。

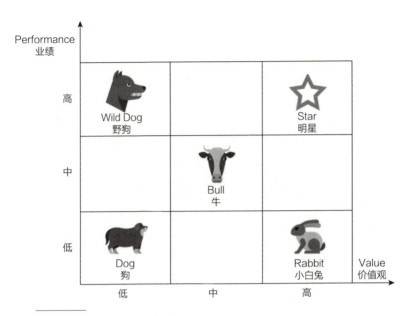

图 6-3 阿里划分的员工类型

阿里前 COO 关明生说:"企业一定要培养'明星'员工,踢出'小白兔'和'野狗'。

'小白兔'是很肯干,价值观符合组织的要求,但出不了业绩。对这类员工,不能心慈手软。很多时候,因为他们的态度好而总是放任他们,造成的恶果是'明星'员工得到的关注度不够,产生不良情绪。而对低业绩的姑息,从另一个角度打击了'明星'员工的积极性。这是非常危险的短视行为。

对那些抢单、私下给对方回扣,或者乱开折扣等不符合组织价值观的行为,阿里非常反感。哪怕业绩再好,销售额1个亿,阿里也会毫不留恋地请他走人。"

上面这段话反映出阿里对不同类型员工的不同处理方式。

1. "明星"式员工

业绩优秀且价值观符合组织要求的员工叫**"明星"**。"明星"式员工不仅能够给组织和团队带来业务上的有效提升,还能成为其他员工的榜样和标杆,带动组织的整体发展。

(1) "明星"式员工的标准

在业务方面,"明星"式员工处于整个团队的最高水平。在业绩考核的过程中,政委可以通过对所有员工的业绩进行**横向比较**,找出少数业绩优异的员工,将其列为"明星"式员工的备选。

除了业务能力优秀,"明星"式员工还要非常符合组织的价值观。阿里的"明星"式员工需要具有诚信和热情,要乐观上进、健康积极、渴望成功,要有适应变化的能力,具备良好的学习能力,具有较高的职业修养和专业素质,善于和他人进行沟通和协作。

政委可以根据自身组织的价值观要求来判断哪些员工的价值观良好,然后考察其业绩是否优异,从而找到组织中的"明星"式员工。

(2) "明星"式员工的积极作用

"明星"式员工能够从**业绩**和**价值观**两个维度成为其他员工的榜样。

在业绩层面,"明星"式员工可以将自己的成功经验和工作方法分享、复制给其他员工,从而在业务方面为团队带来积极影响。

在价值观层面,"明星"式员工可以在团队中起到**引导和示范**的作用。"明星"式员工在工作中的正向行为往往能够为团队带来**正能量**,帮助传递组织价值观,进而推动组织文化的落地和发展。

(3) 如何留住"明星"式员工

如何留住"明星"式员工是每个政委都要考虑的问题。奖励是留住"明星"式员工的重要工具。这里的奖励分为两个层面,一个是物质奖励,一个是精神奖励。物质奖励包括奖金、调薪、晋升、期权等,精神奖励包括当众表扬、授予荣誉、经验分享、提供更多学习机会等。

政委要知道,物质奖励可以留住这些员工的**人**,而精神奖励则可以留住这些员工的**心**,两种奖励共同施行才能**留人留心**。

阿里有句"土话":**对得起好的人,对不起不好的人。**

阿里人也常说:"**不要让雷锋吃亏。**"面对"明星"式员工,政委要将最好的资源和奖励提供给他们,这样才能增强他们对组织的信任感,让他们为团队带来积极的影响,以更好地帮助组织进步和发展。

2."小白兔"式员工

"小白兔"式员工是指价值观符合组织要求,但是业绩总是不达标的员工。他们的工作态度很好,但是业绩表现却时常会拖团队的"后腿"。政委如果能处理好"小白兔"式员工,将在很大程度上提升组织的整体效能。

(1)"小白兔"式员工的特征

"小白兔"式员工分为两种类型,一种是**兢兢业业的"小白兔"**,一种是**伪装的"小白兔"**。不同类型的"小白兔",其特征和表现也有所不同。

① 兢兢业业的"小白兔"

兢兢业业的"小白兔"在工作中十分努力、认真,但是由于个人能力不足,常常无法达成业绩目标,拿不到业绩结果。

一般来说,应届毕业生和刚进入组织的新员工容易成为这种类型的"小白兔"。他们在工作中踏实、肯干,但由于对业务的了解程度不够、业务能力不足、缺乏相应的工作经验，很难获得理想的工作结果，甚至无法独立完成工作。

有些老员工因为个人视野和格局相对狭小，只能勉强维持当前工作，个人能力迟迟得不到提升，也无法给团队带来创新和改变。这样的员工同样属于兢兢业业的"小白兔"。

有些刚刚上任的管理者因为缺乏管理经验和能力，也会成为"小白兔"式员工。基层"小白兔"式员工从事的工作相对简单，表现或许并不明显；但是管理层的"小白兔"式员工面对的工作十分复杂，其能力"短板"也会被放大，往往会让整个团队出现工作流程混乱、团队氛围糟糕、业绩目标无法达成等情况。

② 伪装的"小白兔"

伪装的"小白兔" 会在工作中装作自己很努力、很认真，其工作中的种种行为看似很符合组织的价值观，但实际上并没有达到组织的要求。

员工A是一家互联网企业的员工。他所在的团队充满工作热情，很多员工都会主动加班来提高自己的业绩。但员工A却抱着"混日子"的心态去工作，缺乏进取心，所以业绩常常处于团队的"下游"。但是他明白，如果自己表现出懈怠的行为，就会显得与团队格格不入。因此，他每天都主动加班，甚至会最后一个离开公司。

在团队的其他成员看来，员工A对待工作非常努力，有着很强的进取精神，只是业务能力不足。实际上，员工A在加班的时间偷偷看小说和电影，只在有人经过自己工位时将电脑屏幕换回工作界面。在平时的工作中，员工A也经常在大家注意不到他的时候"开小差"。

员工A认为，只要自己显得足够努力，就算无法达成业绩目标,管理者也不会将自己开除。

上面案例中的员工 A 就是典型的伪装的"小白兔"。这样的员工在认识到自己能力不足的问题后,思考的不是如何提升自己的能力,而是如何**"混日子""熬年头"**,想办法伪装自己来保住工作或者凭借所谓"资历"获得晋升。

伪装的"小白兔"具有很大的**迷惑性**,但仍然有明显的特征可以将其分辨出来。这种类型的员工往往展现出"一切随缘"的工作态度,会寻求安稳,本着**"平平淡淡才是真"**的想法工作。他们不会主动承担额外的工作和责任,只会接受上级要求的任务。在工作过程中,他们抱着"得过且过"的态度,以最低标准完成工作,从不追求细节上的完美,因此工作质量相对较差。

③ 如何区分"小白兔"

政委要能清楚地分辨出哪些是兢兢业业的"小白兔",哪些是伪装的"小白兔"。政委可以通过一些工作上的具体细节来进行判断。

比如,员工 A 和员工 B 都显得十分努力却没有达成目标,但是员工 A 在每个工作环节都进行检查,保证工作不会出现漏洞;而员工 B 则敷衍了事,出现许多不该存在的问题和失误。这时,政委就可以判断员工 A 是兢兢业业的"小白兔",而员工 B 是伪装的"小白兔"。

政委只有看清员工的本质,才能找到相应的处理方式来对待不同的员工。

(2)"小白兔"式员工的危害

"小白兔"式员工因为价值观符合组织要求,往往显得**"无害""无辜"**,但是这种类型的员工却会慢慢侵蚀组织的根基,成为难以清除的**"恶疾"**。"小白兔"式员工的主要危害体现在以下几个方面：

第一，**"小白兔"式员工会浪费组织资源**。组织能否快速发展，关键在于人效能否得到提升。"小白兔"式员工占用组织提供的重要资源，但是其低效的工作结果往往与其占用的资源不成正比。一个组织中的"小白兔"式员工越多，组织就越容易出现效能**负增长**的情况。长此以往，组织将陷入发展停滞甚至倒退的局面。

第二，**"小白兔"式员工会影响团队氛围**。一个组织如果容忍"小白兔"式员工的存在，将会在很大程度上打击其他员工的工作积极性，让团队整体缺乏斗志和进取精神。"小白兔"式员工有着很强的传染力。当员工发现即使自己业绩不达标也不会受到惩罚时，就会失去竞争意识，开始安于现状。**对业绩不良者的纵容就是对业绩优异者的惩罚**。政委要知道，良性竞争能够促使员工努力成长，优胜劣汰能够帮助组织提升效能。组织如果无法处理"小白兔"式员工，就会陷入**"温水煮青蛙"**的慢性"死亡"。

第三，**"小白兔"式员工会阻碍组织建设**。如果一个组织存在许多"混日子""熬年头"的"小白兔"，就会压缩新员工的晋升空间，并且难以引进更加优秀的人才。"在其位不谋其职"的"小白兔"式员工会不断压缩组织的发展空间，阻断"新鲜血液"的输入路径，最终阻碍组织的建设和发展。

(3)"小白兔"式员工的处理方式

政委应如何处理"小白兔"式员工呢？

对于**伪装**的**"小白兔"**，政委应毫不留情地予以开除。伪装的"小白兔"并非价值观符合组织标准，而是通过**"包装"**自身行为的手段来博取他人的信任。这样的做法本身就属于欺骗行为。因此，政委一旦发现这种类型的员工，就要尽快处理，避免其对团队效能和氛围造成影响。

而对于**兢兢业业的"小白兔"**，政委可以通过两种方式来提升他们的业务能力，挖掘他们的潜力和价值。

第一，政委可以给予他们培养的机会。许多"小白兔"式员工之所以拿不到业绩结果，就是因为业务能力不足、工作方法不当和工作经验欠缺。这时，政委可以将问题反馈给部门主管，让部门主管或"明星"式员工一对一地帮助、辅导"小白兔"式员工，从而提升他们的业务水平。

当然，政委对"小白兔"式员工的培养也要有明确的周期，并且周期不能过长，否则不仅会浪费组织资源和管理精力，还会间接地纵容"小白兔"式员工的存在。在阿里，业绩不符合要求的"小白兔"式员工会经历两个考核周期，如果在第一个周期，其业绩不理想，企业会给予其一次培养的机会，如果在第二个周期，其业绩仍然不理想，他将会被淘汰。

第二，政委可以给予他们换岗的机会。阿里人常说："'小白兔'往往是放错位置的'明星'。"有些"小白兔"式员工可能会因为个人性格、能力、喜好等原因不适合当前岗位。这时，政委可以和员工进行深入沟通，尽可能了解其真正的岗位需求。如果员工对某一岗位有明确的兴趣和热情，政委可以让他先将本岗位的工作做到合格，然后将其调岗。这样做是因为一个人如果能够把不喜欢的工作做到合格，这本身就是一种优秀的品质和良好的职业素养。

3. "野狗"式员工

"野狗"式员工有着出色的工作能力和良好的业绩，但是其行为和作风却与组织价值观背道而驰。

（1）"野狗"式员工的特征

"野狗"式员工一般会有以下特征：

- 通过欺骗客户、收取回扣等手段获取订单；
- 交易结束后不再为客户提供服务，客户有问题也不予解答；
- 利用企业资源谋取私利；
- 争抢其他员工的客户及资源；
- 擅自泄露企业机密，破坏保密协议；
- 以消极的工作方式和工作态度破坏团队氛围；
- 私下议论他人的生活及工作，在团队中传播谣言；
- 抱怨工作、同事、上级及企业，在团队中散播负能量；
- 无法与同事正常沟通，常常出现顶撞上级的行为；
- 个人生活作风出现问题并在团队中形成恶劣影响。

（2）"野狗"式员工的危害

"野狗"式员工虽然能在短期内为团队带来利益，帮助组织提升效能，但是从长远来看，他们给组织带来的不良影响要远远大于他们提供的价值。

在一次培训时，我曾听学员讲述过这样一个案例：

某员工有着丰富的工作经验和优异的业务能力。但是多年来，他一直处在基层管理岗位，无法得到晋升。原来，这名员工喜欢通过"野路子"做业务，常常无视组织的规章制度，也不认同组织的价值观。在他看来，只要能签下订单，使用什么样的手段并不重要。正是出于这一原因，企业的高层管理者和政委都不愿让这名员工担任要职。

不过，这名员工却迎来职业生涯中的发展机遇。企业高层管理者发现了一个前景不错的新领域，想要成立子公司发展这方面的业务。但是，企业上下只有这名员工掌握这一业务的销售渠道。无奈之下，高层管理者和政委决定给这名员工一次机会，让他担任子公司的副总经理,负责相关业务的销售管理工作。

在当上副总经理后,这名员工凭借自己的"野路子"让子公司的业务得到突飞猛进的发展。但是好景不长,不到一年,子公司的发展就陷入了困境。原来,这名员工为了提高业绩,默许销售人员"吃回扣"、虚假销售、恶意竞争、扰乱市场秩序等行为,极大地损害了公司在客户和消费市场中的形象,竞争对手也乘虚而入抢占了大部分市场份额。

不仅如此,子公司在经济效益和品牌价值两方面的巨大损失也影响到总公司的发展。总公司的众多客户、代理商和投资者都纷纷表现出不信任感,让企业的品牌价值遭到极大打击。这时,企业高层管理者和政委才意识到问题的严重性,但是已经无力回天。

从组织的角度来看,"野狗"式员工会动摇组织的价值观根基,让组织陷入只关注当前的 KPI(业绩考核)而不考虑长远发展的困境。在组织顺利发展的时候,政委和管理者对"野狗"式员工的容忍会掩盖许多潜在的问题。一旦组织发展停滞或遇到逆境,这些问题将集中爆发,导致组织承受巨大的损失。

从员工的角度来看,"野狗"式员工会破坏团队氛围,影响员工的交流与合作,阻碍其他员工的正常工作,最终导致大量优秀人才的流失。优秀人才看重的是个人价值能否实现,关注的是组织整体的价值观导向是否正确。"野狗"式员工会破坏优秀人才对组织的信任感和认同感,而优秀人才的离开会为组织发展带来不可估量的损失。

(3)"野狗"式员工的处理方式

政委对待"野狗"式员工,最好的处理方式就是**开除**。政委要知道,员工的业务能力可以通过培训的方式得到提升,但是一个人的工作态度、职业操守等方面出现问题是很难被改变的。

马云说:"在阿里的考核中,业绩很好、价值观特别差的人被叫作'野狗'。他们每年的销售额特别高,但是根本不讲究团队精神,不讲究服务质量。政委会毫不手软地'杀掉'这些人。因为他们对团队的伤害是非常大的。"

在马云看来,对于"野狗"式员工,不仅要"痛杀",还要**"昭告天下"**,以此来警示其他员工。

阿里前 COO 关明生曾说:**"姑息可以养奸。"**如果政委一味追求业绩导向,忽视对组织价值观的坚守,就很容易放任"野狗"式员工,甚至培养出更多"野狗"式员工,这时组织的根基将被动摇。因此,政委在处理"野狗"式员工时,无论对方有多么突出的业绩,都要毫不留情地将其清除出组织。

4. "牛"式员工

"牛"式员工是组织中最为常见的员工类型。这类员工的业绩和价值观都处于**中等水平**,在组织中占据很大比例,是组织的重要组成部分。

(1) "牛"式员工的特征

"牛"式员工具有以下特征:

- 业务能力既不突出也不落后,面对工作踏实认真、任劳任怨;
- 不会做出违反组织价值观的行为,不会在团队内部传播负能量;
- 熟悉自己的工作岗位,具有相应的工作技能,但不具备超出自己工作范围的知识和能力;

- 专注于现有工作，缺乏长远的目标和规划。

（2）"牛"式员工的对待方式

"牛"式员工是组织的中坚力量，因此对待这类员工，政委要多运用**培训和激励**的手段帮助他们成长，开发他们的潜力，发挥他们的价值，从而达到稳定组织根基、提升组织效能的目的。

政委要知道，"牛"式员工能否得到成长往往决定了组织能否获得更好的发展。政委要想办法帮助"牛"式员工成为"明星"，防止他们成为"小白兔"和"野狗"。

在**业务能力**方面，政委要搭建起完善的培训体系，定期让员工参加培训，以此磨炼其技能。在实际工作中，政委可以施行**"师徒制"**，让工作经验丰富、业务能力出色的员工帮助、辅导"牛"式员工。政委还可以多开展**"分享会""共创会"**，让员工将自己的工作经验和工作方法彼此传授、复制，从而提升工作效率，激发工作热情。

在**价值观**方面，政委要多关注"牛"式员工的需求，定期与他们进行一对一的沟通，了解他们对组织的想法和建议，关心他们的工作与生活。这样做可以让他们感受到组织对自己的尊重和认可，同时也可以培养他们主动思考的能力。同时，政委还要督促部门主管定期给"牛"式员工提供清晰、持续、长远的目标和规划，让他们看到努力的方向、看见未来的希望。

5. "狗"式员工

除了以上四种类型的员工外，还有一种业绩和价值观都不达标的**"狗"式员工**。对于这种类型的员工，政委要毫不犹豫地将其开除。

"赏'明星',杀'小白兔','野狗'要示众"是政委帮助组织发展、提升组织效能的重要原则。政委运用双轨制绩效考核,重视业绩和价值观两方面的重要作用,往往能够打造出一支工作能力出众、氛围健康向上的优秀团队。

6.2 提升组织效能工具二:"271"制度

绩效考核是许多政委不愿面对的工作,因为在很多政委看来,考核就意味着**"得罪人"**。有些因为绩效考核不达标而受到惩罚的员工会认为,政委在**"拿着鸡毛当令箭"**,故意为难自己。

正因如此,有的政委存在**"老好人"**思想,希望在员工心中树立所谓的"良好形象",于是在绩效考核中"睁一只眼闭一只眼",给所有员工大致相同的评分。

这种做法存在很大的弊端,会让"明星"式员工失去工作热情,让"小白兔"式员工更加安于现状,让"野狗"式员工变本加厉地破坏组织价值观,最后导致绩效考核制度成为"一纸空文",失去原本的价值,无法起到提升组织效能的作用。

马云说:"我们最讨厌、最担心那些身在公司却心不在公司的人。如果发现公司里有这样的人,我们一定会采取措施,一定不会让这样的人继续留在公司里。出工不出力的员工必须严惩,不然就对不起新加入的人,对不起勤奋的人,对不起信任我们的股东,对不起未来。"

为了避免绩效考核的无效性,阿里推行**"271"制度**,以**"言必信,行必果"**的态度杜绝"老好人"思想,通过**"奖优罚懒,优胜劣汰"**的方式不断提高组织效能。在"271"制度施行过程中,政委发挥着重要的推进作用,帮助这一制度在组织中的每一个层级得到实施。

6.2.1 "271"活力曲线:"奖优罚懒,优胜劣汰"

阿里的"271"制度来源于通用电气公司的**"271"活力曲线**。被称为"阿里妈妈"的关明生曾表示,他从通用电气公司带给阿里的只有两个东西,一个是价值观,另一个就是"271"制度。

"271"活力曲线可以帮助组织淘汰效率低下的员工,留住绩效水平优异的员工,培养大部分绩效水平中等的员工成长,最终达到**提升组织人效、焕发组织活力**的目的。

在运用"271"活力曲线进行绩效管理期间,通用电气公司每年都会对所有员工进行绩效考核,分出 A、B、C 三个不同等级。绩效水平杰出的 A 级员工占 20%,会得到远高于其他员工的薪酬和奖励;绩效水平中等的 B 级员工占 70%,会得到很好的辅导和培养;绩效水平最差的 C 级员工占 10%,会面临淘汰(见图 6-4)。

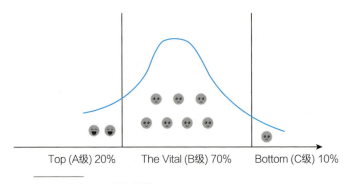

图 6-4 "271"活力曲线

2003 年,在关明生的带领下,阿里开始根据"271"活力曲线实行绩效考核,并将其优化为更加符合我国企业的绩效管理工具——"271"制度。

"271"制度的核心是**"奖优罚懒,优胜劣汰"**。政委要知道,

"奖优"可以留住人才、树立榜样,"罚懒"可以提升人效、避免资源浪费,"优胜劣汰"则能够帮助组织不断健康成长。

阿里的政委和管理者会定期根据"271"制度和双轨制绩效考核,将员工分为**三个档次**。

1. 占20%的第一档

第一档员工既具有优异的业绩,又符合组织的价值观要求,无论是工作结果、业务能力还是工作行为都超出组织的期望。他们充满激情、勤奋敬业、格局开阔、富有远见,往往能够带动身边的员工一同成长。政委和管理者会将这些员工视为组织的栋梁,给予他们最好的奖励,提拔他们到更重要的岗位。

2. 占70%的第二档

第二档员工具有中等业绩水平和业务能力,认同组织倡导的价值观,但并没有突出的表现和长远的眼光。他们占组织的大多数,同时也是政委和管理者应着重培养的对象。在阿里,政委会努力挖掘这些员工的潜力,不断鞭策他们成为占20%的第一档员工,避免他们成为占10%的第三档员工。

3. 占10%的第三档

第三档员工可能是业绩水平处于团队末尾,或是价值观不符合组织的要求,也可能是业绩和价值观两方面做得都很差。这些员工的绩效低于组织的期望,会面临被淘汰的风险。

除了优化绩效考核制度,"271"制度还具有**反馈绩效结果和辅助绩效沟通**的作用。

通过"271"制度,政委可以清晰地找到哪些员工属于"2"、需要重点奖励;哪些员工属于"7"、需要培养;哪些员工属于

"1"、需要快速处理。"271"制度所反馈的绩效结果有利于帮助政委认清组织现状，找到组织中存在的人员问题，做到对症下药和知人善用，进而优化组织架构、提升组织效能。

"271"制度可以促进政委与员工的沟通和交流。在实际工作中，政委可以针对不同档次的员工进行有的放矢的沟通和交流，从而起到激发员工潜能、提高员工动力、避免人才流失、防止风险爆发等作用。

比如，政委可以通过"271"制度找到属于"7"的员工，并分析其每项绩效考核评分，看一看哪项评分较低需要加以辅导。然后，政委可以针对这些评分找到员工进行沟通和交流，了解他们工作中遇到了什么困难，他们希望通过怎样的方式提升自己的绩效考核成绩。

再比如，一个员工的绩效考核成绩属于"1"。政委先要通过评分分析这个员工是价值观太差还是业绩没有达到标准。如果是价值观太差，政委可以依据这一考核结果辞退这个员工；如果是业绩没有达到标准，政委可以与这个员工进行沟通，了解他的个人意愿，判断是否给予他第二次机会或尝试让他换岗。

"271"活力曲线就像它的名字一样，可以不断激发组织活力，让组织保持健康向上的发展趋势。在"奖优罚懒，优胜劣汰"的过程中，政委可以有针对性地留住那些为组织做出贡献的人才，培养那些勤勤恳恳、认真工作的员工，剔除那些阻碍组织发展的"毒瘤"，进而让组织形成高效能的环境。

6.2.2 如何用"271"制度提高组织效能

政委要想通过"271"制度提高组织效能，关键在于**抓"2"、辅导"7"、解决"1"**（见图6-5）。

图 6-5 "271" 制度落地方法

1. 抓 "2"

组织要想得到长远的发展,就要想办法留住人才,这就是抓"2"的意义所在。在组织中,一般岗位的人员离职是正常的,但是如果那些绩效出众、具有很高潜力的人才流失了,那将是非常大的损失。因此对于占 20% 的第一档员工,政委要以**"树标杆、立榜样,给予物质与精神的奖励"**为原则,发挥这些优秀员工的效能,留住他们的人和心。

(1)树标杆、立榜样

阿里人常说:**"榜样的力量是无穷的。"**因此,政委要将占 20% 的第一档员工树立成标杆和榜样,从而让其他员工不断向他们学习,沿着榜样的成功路径快速成长。

在刚刚进入阿里的时候,每名员工都会经历一次重要的培训,我刚进入阿里时也是如此。在那次入职培训中,让我印象最深的一个环节就是一名优秀员工给我们这些后辈分享自己的经验。

那名员工讲述了自己如何从一个默默无闻的普通员工,通过自身的努力和勤奋成为月薪5万元的销售冠军。他的讲述让坐在台下的我非常激动,一时间也想像他一样获得成功。在那一刻,我感受到了榜样的力量。

政委要善于将优秀员工树立为标杆和榜样。政委可以通过表彰会的形式让优秀员工展示在所有人面前,让大家明白只要努力工作就会获得组织的认可与奖励。政委还可以通过分享会的形式让优秀员工分享自己的成功经验和工作方法,以此让优秀的经验和方法在组织中得到复制,同时为组织中的其他员工提供成功的方向与路径。

(2) 给予物质与精神的奖励

政委要给到这20%的员工最好的褒奖,形式包括发奖金、涨薪资、给期权、开表彰会、提拔晋升、学习深造等。政委只有将最好的奖励给到最优秀的员工,才能让他们的回报与付出形成正比,让他们更加信任组织,愿意为组织继续贡献力量。

在阿里,占20%的第一档员工会得到整体激励份额的30%~50%。比如在一个20人的销售团队中,总奖金额为20万元,那么排前4名的销售人员会得到6万~10万元的奖金。从中可以看出,阿里会将最丰厚的奖励给予最好的员工。

在给予这些员工奖励的时候,政委要注意在**物质和精神**两个层面都给予他们奖励。

有些政委只关注物质奖励,往往忽视精神奖励的作用。政委要知道,优秀的人才往往有着更高的格局和更远大的抱负,十分看重自我价值的实现。如果政委只看重物质奖励,那么只能留住这些员工的人,无法留住他们的心。假如其他企业给出更好的待遇,这些员工一样会流失。

因此在给予奖励时,政委要通过多种形式来满足这些员工的精神需求。政委可以在全体会议上表扬这些优秀员工，送上鲜花与赞美；也可以多听取员工的意见，尊重他们的想法；还可以将员工视为管理者后备人选，为他们提供更多的管理培训机会。

当政委给予这些员工精神奖励的时候，他们会感受到组织对他们的认可与尊重，进而更加努力地帮助组织发展。

2. 辅导"7"

占70%的第二档员工在业绩和价值观两个方面表现都不突出，很容易让政委忽略对他们的关注。但是这类员工人数众多，是组织正常运转的基石，同时他们能否得到成长也决定了组织能否提升人效、提高效能。

在面对占70%的第二档员工时，政委要**做好辅导和培养，帮助他们建立结果思维和目标感**。

（1）做好辅导和培养

辅导和培养分为两个方面，一是**针对员工个人的个性化辅导**，二是**针对全体员工的集体培训**。

①针对员工个人的个性化辅导

很多时候，员工业务能力迟迟无法提升，问题的根源在于工作经验和工作细节的缺失。在工作过程中，员工会出现许多个性化问题，而这些问题的解决方法就是一对一的**个性化辅导**。

在实际操作过程中，政委可以督促部门主管或业务能力出众的员工以"师父"的身份对其他员工进行个性化辅导，以"师徒制"的形式帮助占70%的第二档员工提升业务技能。

个性化辅导也叫**情境辅导**，主要针对员工出现的个性化问题进行纠正和改进，其特点是需要在实际场景下进行一对一的操作教学。阿里的个性化辅导遵循16字方针，即**"我做你看，我说你**

听，你做我看，你说我听"。

很多员工在面对工作的时候，往往不知道该如何进行。这个时候政委就要委派"师父"进行亲自示范，将工作方法教给这些员工，做到**"我做你看"**，从而达到"眼见为实"的效果。

只向员工演示如何去做是不够的，"师父"还要告诉对方为什么这样做，这样做的好处是什么，背后的逻辑是什么，通过**"我说你听"**的方式让对方更为深入地了解方法背后的底层逻辑，让员工听完能够举一反三。

在教会员工怎样做之后，"师父"要在现场进行检查，在实践中验证员工是否真的能够按照刚才的方法进行工作。在**"你做我看"**的过程中，员工如果出现错误，"师父"可以及时指出问题并再次进行辅导。

最后，员工要将自己学到的知识进行总结和提炼，讲给"师父"听，以此验证员工是否真的理解了方法的本质。**"你说我听"**可以让员工在教学相长的过程中加深对知识的理解和感悟。

② 针对全体员工的集体培训

由于占70%的第二档员工人数众多，因此政委只通过个性化辅导来提升他们的业务水平会造成效率低下的问题。这时，政委就要组织**针对全体员工的集体培训**，以此提高员工的成长速度、解决组织中存在的共性问题。

政委要知道，仅通过一场培训无法提高员工的业务能力。政委要做的是搭建培训机制，通过长期的集体培训来保证员工的成长。政委要针对业务和人员构成认真规划培训内容，并且安排好培训后的实际操作训练等环节。

培训体系建立的第一步就是设定培训周期，政委要根据组织和业务需求来对其进行设定。对于一些会遇到快速变化和许多复杂工作场景的岗位,培训周期要设定得相对较短;而一些技术岗位的培训周期则可以设定得相对较长,比如政委可以以周为单位组织培训。

阿里的销售岗位甚至会以日为单位进行培训。销售人员白天要去拜访客户,晚上回到公司就要在培训会上做总结,将一天中遇到的问题和经验分享给所有人,让好的方法在团队中得到复制,而对于那些自己不知如何解决的问题会通过大家共创的形式获得方法。到了第二天,销售人员再带着新的方法进行工作。这样的培训每天都会进行,使阿里销售人员的工作能力不断提高。

(2)建立结果思维和目标感

占70%的第二档员工往往缺乏**结果思维和目标感**,这也是限制他们成长的重要因素。因此,政委要不断帮助这些员工建立目标感,培养他们的结果思维和目标意识,让他们养成以结果为导向的工作习惯。

阿里人常说:"为过程鼓掌,为结果买单。"政委要让占70%的第二档员工明白,如果每天只专注于完成手中的工作,却无法拿到最终的结果,那么无论在工作过程中多么努力、认真,也只是在浪费时间和精力。

政委可以要求员工定期制定工作目标和工作规划,并通过一对一面谈的形式和员工一起沟通目标和规划的合理性。确定目标和规划后,政委还要监督员工在工作中是否严格执行规划、执行的过程中是否遇到困难。一段时间后,政委要检查员工是否达成工作目标,如果没有达成,那么要分析导致没有达成目标的原因是什么。

在这样的过程中,员工会不断强化自己的目标感,建立起结果思维,养成良好的工作习惯,最终获得成长。

3. 解决"1"

对于占10%的第三档员工，政委要做到两点，一是**"心要慈，刀要快"**，二是**"不教而'杀'谓之虐"**。

(1)"心要慈，刀要快"

政委要及时开除这些占10%的第三档员工，帮助组织及时**"止损"**，避免造成更大的损失。

占10%的第三档员工一方面会造成组织资源的浪费，另一方面会严重破坏组织氛围，这两点都会降低组织效能。这些员工要么业务能力低下，要么不认同组织的价值观。政委如果不及时处理这些员工，就会给其他员工发送"错误信号"，让其他员工误以为即使工作不努力或不遵守企业的行为准则，也不会受到惩罚。

因此，政委要做到"心要慈，刀要快"，"快刀斩乱麻"地将这些员工清除出组织，保证组织的高效运转。

当然，这种淘汰机制是较为残忍的。因此，为了保持组织的稳定性，也为了避免给员工造成过度压力，政委可以适当拉长绩效考核的周期。同时，这种做法也可以让考核更为准确、公正。

阿里一般采用两个考核周期，员工只有在连续两次考核都评为占10%的第三档的情况下，才会被直接开除。在这一过程中，每两个季度进行一次季度考核，每两年进行一次年度考核。阿里之所以拉长考核周期，是因为员工往往会随着时间、环境等因素的变化产生行为上的变化，拉长考核周期可以**"路遥知马力，日久见人心"**。

马云说："领导要达成一个目标，必须有一个良好的团队。如果你发现团队里有人出现错误，怎么办？有三个办法：第一，让这个出现错误的人继续留在原来的位置，这个人肯定会继续制造麻烦；第二，重新训练他；第三，开除他。

你如果不采取行动,就会让其他追随者感觉你不在乎他们。其他人都在努力按照你设定的方向走,只有这个人不按照方向走。所以,你要么重新训练他,要么开除他。"

解决占 10% 的第三档员工是对政委的很大挑战。在这一过程,政委要特别注意"不教而'杀'谓之虐"。

(2)"不教而'杀'谓之虐"

在决定开除占 10% 的第三档员工前,政委要思考这样一个问题:我是否全力以赴地帮助这名员工成长了?

如果答案是肯定的,那么政委可以坦然地执行开除决定;如果答案是否定的,那么政委就是在**"不教而'杀'谓之虐"**。"不教而'杀'谓之虐",意思是员工虽然没有达到组织的期望,但是政委也没有花费时间和精力辅导、培养员工,在这种情况下的开除决定是对员工的一种虐待。

因此,政委要在日常工作中花费时间和精力去关注员工的方方面面,做好辅导和培养,这样才能在开除员工时**问心无愧**。

"271"制度是政委提升组织效能的有效工具。通过"271"制度,政委可以公平、公正、公开、透明地进行绩效考核,帮助组织优化人员结构,协助员工找到自己的定位,给予他们正向的引导。

6.3 提升组织效能工具三:团队建设

网络上有这样一个段子:

一家企业组织员工到境外游玩,但是员工们在酒吧里并没有放松地喝酒、听音乐,而是一个个抱着电脑修改PPT。

一个新员工不解地问老员工:"公司组织团建不就是为了让大家放松吗?为什么你们都在工作?"

老员工说:"这你就不懂了,如果你走进一家酒吧,里面都是陌生人,你可以自在地放松享受。但是如果酒吧里都是你的同事,那这就不叫酒吧了。"

新员工问:"不叫酒吧叫什么?"

老员工答:"叫职场呀!"

这个段子可能存在夸张的成分,但是也反应出许多企业存在的问题——员工抵触团队建设(简称团建)活动。

大家有没有想过,员工为什么会抵触团建?在我看来,一些企业的团建枯燥、单一、乏味,并没有发挥出团建应有的作用。

在为许多HR做培训的过程中,我发现这样一个问题:很多人在HR的岗位上工作多年,策划了许多团建活动,但是对团建的基本概念却并不了解。在很多HR看来,团建就是组织员工一起吃饭、唱歌、做游戏,加深一下彼此的了解。HR的这种对团建的理解是非常片面的,而这种团建也容易让员工产生这样的负面想法——"好不容易休息两天,还要去参加团建,简直太浪费时间了。"

正所谓"强扭的瓜不甜",一场无法深入人心的团建活动对于员工来说更像是"酷刑"。

其实,良好的团建是提升组织效能的有效工具。

阿里的政委就非常善于运用团建这一工具。在他们看来,没有用团建解决不了的组织问题。对阿里人来说,团建是非常重要的,新人入职要团建,员工生日要团建,员工转岗要团建,员工离职要团建,员工达成业绩目标更要团建……

阿里政委之所以如此重视团建,是因为他们明白团建的目的是让组织形成强大的**合力**,让员工的心紧密地连接在一起,让他们拥有共同的理想和目标。

阿里有句"土话":**一群有情有义的人,在一起做一件有价值、有意义的事。**

阿里政委正是通过一次次团建让组织中的每一个成员变得有情有义、相互信任,打造出**不抛弃**、**不放弃**的组织氛围,形成**无往不利**、**无坚不摧**的组织力量。

在阿里政委看来,团建绝不是吃饭、唱歌那样简单。在阿里,团建分为**思想团建**、**生活团建**和**目标团建**三种形式,每种形式的团建都有着不同的作用和价值。

6.3.1 构建统一思想:让员工留下梦想的烙印

我曾做过一个关于思想团建的调查,调查结果显示有 60%~70% 的 HR 没有做过思想团建,甚至很多人没有听说过思想团建。

不进行思想团建会让组织存在许多隐患,如组织成员之间缺乏信任感,员工没有团队意识,当个人利益与团队利益出现冲突时员工只会维护个人利益等。

我们可以将组织看作一根平放在桌面上的粗绳子。要想使绳子向前移动,我们需要握住绳子的前端向前拉动,这样可以轻松达到目标。这股向前拉动的力量就是思想团建。反之,如果我们从绳子的尾端向前推动绳子,只会让绳子变成乱糟糟的一团。这种从后面推动绳子的方式就是简单的批评、惩罚等手段。

因此,政委要学会利用思想团建让组织形成"一股绳",不断向前发展;而不是粗暴地通过批评、惩罚等手段让员工产生逆反心理,失去工作的热情和积极性。

思想团建的目的是为组织中的员工**构建统一思想**,让员工拥有共同的使命、愿景和价值观,让员工留下梦想的烙印,并在梦想的驱动下不断前进。要想达到这一目的,政委就要抓住**"一个核心、三个方法"**(见图6-6)。

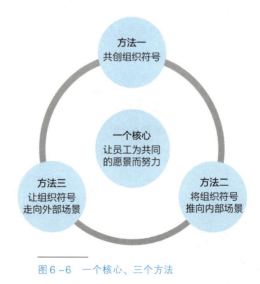

图6-6 一个核心、三个方法

1. 一个核心

思想团建的一个核心就是让员工为共同的愿景而努力。

很多时候，组织之所以像是一盘散沙，是因为组织中的每个人所追求的愿景是完全不同的。组织如果无法为员工提供一个明确的方向指引，就容易出现纪律散漫、缺乏默契、效率低下等问题。

因此，政委要让员工为共同的愿景而努力，让组织的愿景成为每个员工的愿景，将梦想的烙印留在每个员工心中。在同一愿景的驱动下，员工会向着同一个方向努力，为组织带来强有力的前进动力。

要让员工拥有共同的愿景，政委需要秉承以下三个重要原则：

(1) 原则一：组织拥有清晰的愿景

组织要拥有清晰的愿景，这样才能让员工找到正确的前进方向，并通过自身的努力帮助组织实现愿景。

要判断组织是否拥有清晰的愿景，政委要不断思考以下问题：

- 组织的愿景是否清晰明确？
- 组织的愿景能否鼓舞人心？
- 组织的愿景能否成为员工的愿景，并让其为之奋斗？

……

政委只有明确组织的愿景，才能让这一愿景像灯塔一样照亮员工的前进道路。

(2) 原则二：组织愿景与员工个人愿景深度衔接

当组织愿景与员工个人愿景深度衔接时，员工就会与组织命运相连，成为**命运共同体**。

组织与员工的关系一般有三种形式：利益共同体、事业共同体、命运共同体（见图6-7）。

图6-7 利益共同体、事业共同体、命运共同体之间的关系

利益共同体指组织以利益为出发点与员工进行连接。这种组织与员工的关系十分薄弱。当组织效益好的时候,员工出于利益的诱惑会充满激情和动力;一旦组织面临挑战,员工同样会因为利益而抛弃组织,做出**"大难临头各自飞"**的行为,让组织陷入土崩瓦解的境地。

事业共同体包含利益共同体,是通过建立合伙人制度搭建收益共享、风险共担的组织机制。这种组织与员工的关系要比利益共同体更为牢靠,但是仍然是以利益为出发点来"绑定"员工。

命运共同体包含了利益共同体和事业共同体,是最为牢固的组织与员工的关系。命运共同体通过组织文化的渗透与引导,激发员工工作的热情与动力,让员工认同组织的各个方面,培养员工对组织的忠诚度,令员工的个人发展与组织利益紧密结合,形成荣辱与共的关系。

政委要努力让组织愿景与员工个人愿景深度衔接,打造出组织与员工的命运共同体,最终实现组织与个人的共同发展。

（3）原则三：让员工看到共同的目标

政委要让员工看到**共同的目标**，并让这一目标成为员工自己的目标。

从创立阿里开始，马云就始终强调："不要让你的同事为你干活，而要让他们为我们的共同目标干活，团结在一个共同的目标下，要比团结在一个人周围容易得多。"

很多时候，员工如果缺少为自己的目标工作的心态，就不会拥有主人翁意识，在工作中也不会全力以赴。因此，政委要让员工明白，目标不仅属于组织，还属于组织中的每一个人，达成目标不是为了领导、政委和组织，而是为了自己收获工作成果和个人成长。

让员工看到共同目标后，政委还要让他们看到目标实现后能够获得的利益与收获，这样就能让员工更加积极主动地完成自己的工作。

2. 三个方法

政委可以通过三个方法进行思想团建，让员工统一思想，留下梦想的烙印。

（1）方法一：共创组织符号

政委进行思想团建的第一个方法就是和员工一起**共创组织符号**。组织符号包括组织名称、组织 LOGO、组织旗帜、组织口号、组织精神等。

政委要注意，组织符号需要由组织中的所有成员共同讨论形成，这样才能让组织符号得到员工的认可，变得深入人心。

政委可以召开全体会议，和员工一起从组织名称到组织精神，一项项地确定组织符号，并在之后的工作中多使用这些组织符号，发挥出组织符号统一思想的作用。

有一次经历让我印象深刻。那时，我所在团队的季度目标是

5000万元,但是距离时限只有一周时,我们离目标还差 2000 万元。当所有员工都想要放弃的时候,作为政委的我说:"大家还记得我们团队的精神是什么吗?那就是'言出必行,言出必践'!我们不能忘记团队精神,无论如何也要拼尽全力达成目标!"

员工们听了我说的话,重新燃起了斗志,在最后一周增加了拜访量,加班加点地工作。他们的激情与韧劲也打动了许多客户,签单率迅速提升,最终团队顺利达成 5000 万元的季度目标。

从我的这次经历可以看出,良好的组织符号可以让员工统一思想、激发动力,提升员工对组织的使命感和责任感,促进员工为组织的愿景和目标努力奋斗。

(2)方法二:将组织符号推向内部场景

政委在确定了组织符号后,还要将组织符号在组织内部进行推广,不断反复地使用组织符号,从而加深员工对组织符号的印象与理解,帮助员工形成统一的思想。

在实际操作过程中,政委可以采购印有组织符号的文化衫、办公用品再发放给员工,可以在每次开会前组织员工宣读组织口号和组织精神,可以在分发给员工的各类文件中印上组织名称、组织LOGO、组织旗帜……

政委在将**组织符号推向内部场景**的过程中,可以让组织所倡导的文化和精神在组织内部形成影响力,让员工更加认同组织的各个方面,并愿意为组织贡献力量。

(3)方法三:让组织符号走向外部场景

组织符号不仅可以推向组织的内部场景,也可以走向组织的**外部场景**。

政委可以鼓励员工在与客户沟通的时候向客户展示组织符号。政委要知道,组织符号代表的是组织的价值观,而销售过程往往是让客户认同组织的理念和价值观的过程。同时，鲜明的组织符号也可以为客户留下深刻的印象，从而提高组织的影响力，帮助组织获得客户的信任与认可。

政委可以在营销海报、产品资料、宣传活动材料等能够与客户直接接触的载体上加入组织符号，通过潜移默化的形式将组织文化传递给客户，从而加强组织对客户的影响力。

6.3.2 营造趣味生活：玩到一起才能干到一起

生活团建是每个职场人都曾经历过的团建形式，也是最容易被人"吐槽"的团建形式。

我曾在培训过程中要求参加培训的 HR 写下之前三个月的生活团建安排。有一名 HR 这样写道：3 月吃川菜，4 月吃火锅，5 月吃粤菜。

生活团建如果只是吃吃喝喝，那么就会失去它原本的价值与意义。生活团建的目的是让组织中的成员能够走入彼此的内心，加深彼此的了解与信任。

马云说：**"玩到一起才能干到一起。"** 当组织中的成员共同感受到生活的乐趣，留下或感人或有趣的共同回忆时，大家在工作中就能形成默契，建立起情感的连接和牢固的凝聚力。

政委要想做好生活团建，需要抓住生活团建的三个关键点（见图 6-8）。

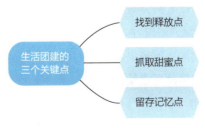

图 6-8 生活团建的三个关键点

1. 找到释放点

生活团建的第一个关键点是"找到释放点"。所谓"释放点",就是让员工将自己的真实情感释放出来,将自己的真心展现给组织中的其他成员,从而加深彼此的**底层信任**。

政委找到释放点的重要方法就是让员工彼此敞开心扉。政委可以组织**"裸心会"**,让员工分别讲述自己的成长经历、求学经历、工作经历、现在的收获与遇到的困难,以此加深彼此的了解。

之前,我的团队中有一名员工被其他员工孤立。我经过了解发现,原来这名员工在生活中非常"抠门",经常和同事计较三五元钱的小事,因此许多员工都不喜欢和他来往。

于是,我专门为这名员工召开了一次"裸心会",让他讲述一下自己的故事。这次"裸心会"让大家了解到,这名员工来自偏远山区,生活一直非常艰苦,所以养成了过于节俭的习惯。听完他的讲述,大家都理解了他生活中的种种看似"怪异"的行为,并站在他的角度去思考问题。在之后的工作和生活中,这名员工顺利地融入组织,和大家"打成一片"。

政委还可以通过**"鲜花与拳头"**的游戏来帮助员工释放情感。这个游戏的流程是这样的:

步骤一:送出鲜花。

所有员工按照顺序接受他人的赞美。员工赞美他人的句式为**"(时间),我看到你(具体事项),我感到(真实情绪),所以我要将鲜花送给你"**。赞美的内容一定要落到具体的事情上,比如,"上周,我看到你为我的方案提供了很好的建议,我感到非常开心,很感谢你,所以我要将鲜花送给你"。

当大家都送出"鲜花"后,被赞美的人可以说一说自己的感受。这种形式能够让员工看到彼此的优点,增加彼此的信任。

步骤二：给出拳头。

在送出"鲜花"后，所有员工同样按照顺序接受他人的批评。员工批评他人的句式与赞美句式类似，"**（时间），我看到你（具体事项），我感到（真实情绪），所以我要将拳头送给你**"。批评的内容同样要聚焦到具体的事情上，比如，"昨天，我看到你没有完成工作任务，我感到有些担心，所以我要将拳头送给你"。

给出"拳头"的目的是让员工站在不同的视角互相指出彼此的问题，帮助彼此查漏补缺、获得警醒。当然，在这一环节结束后，被批评的人也可以说一说自己的感受，让大家的交流形成闭环。

"鲜花与拳头"的游戏不仅可以释放员工的情感，让员工彼此"裸心"，还可以让员工更加了解自己的长处，持续发挥自身的优势，同时敢于直面自己的不足，获得正确的改进方法。

2. 抓取甜蜜点

"抓取甜蜜点"的目的是让员工感受到组织的"温度"，让员工在感受甜蜜、收获感动的过程中增加对组织的**信任感和归属感**。

抓取甜蜜点的关键不在于形式，而在于展现"甜蜜"与"温度"。其实，很多企业都在用这种方式进行生活团建，但是慢慢流于形式，变成千篇一律地给员工开生日会，而且生日会的流程都是固定的。

政委抓取甜蜜点的关键在于让员工感受到组织对他的关心与重视。

阿里在每年新年都会给每个员工家属寄上一份"阿里家书"。这份"阿里家书"的内容往往是一副对联、一些小礼品和一封饱含深情的信。信中的内容会表达出阿里对员工家属的由衷感谢，并向员工家属汇报阿里一年来发生的大大小小的事情。

"阿里家书"的形式让阿里人感受到企业对自己和自己家人的

关心与重视,从而产生了很强的信任感和归属感。

阿里的这种"抓取甜蜜点"的方式值得大家学习和借鉴。比如,政委可以在父亲节和母亲节为员工的父母寄出礼物,一方面可以让员工家属放下担忧,另一方面也可以让员工感受到家一样的温暖。

3. 留存记忆点

留存记忆点就是留下可以引发回忆的凭证,如视频和照片等。

政委可以在组织生活团建的过程中多拍些照片、多录些视频,将大家开心、快乐的记忆与氛围记录下来,并进行收集和整理,并在之后的启动会、月会等公开场合中展示出来,唤起大家的美好回忆。

政委只要遵循生活团建的三个关键点,就能为员工营造趣味生活,让员工"玩到一起,干到一起"。

第 7 章

政委的修炼

"照镜子""闻味道""揪头发"是阿里政委修炼自身、提高能力、获得成长的重要工具。在工作中,阿里政委要通过"照镜子"来认知自我、发现问题,通过"闻味道"来感知团队、体察员工,通过"揪头发"来开阔视野、打开胸襟。在这样的过程中,阿里政委提高了眼光、开阔了胸怀、增强了实力,实现了理想,收获了成功。

7.1 政委如何"照镜子"

唐太宗李世民说:"以铜为镜,可以正衣冠;以史为镜,可以知兴替;以人为镜,可以明得失。"从唐太宗的这句话中可以看出,**"照镜子"**可以帮助人们正确地认知自我,看到自身的优点,发现自身的不足,并从过去的经验中收获进步和成长。

"照镜子"是阿里政委修炼自我胸怀和格局的重要工具。政委会从"镜子"中看到最真实的自我,没有任何"美颜"和"滤镜"的修饰,显得并不"好看"。在"照镜子"的过程中,政委会听到许多来自上级、平级和下属的"赤裸裸"的**批评与建议**。这时,政委虽然会感到痛苦,但还是要打开自己的胸怀、提升自己的格局,这样才能正确地认知自我,并从中获得成长。

那么,阿里政委在**"照镜子"**的过程中应该"照"什么,又应该怎么"照"呢?

7.1.1 "照"什么

阿里政委"照镜子"主要"照"三个方面,即"照自己""照搭档""照员工"。

1."照自己"

"照自己"又叫**"以己为镜"**,是一种有效的自省方式,可以帮助政委转变思维方式,突破思维局限,坚定自我愿景,找到自我价值，以理性、客观的视角面对自身的缺点和不足。

人们在看待某一事物的过程中，往往会带有主观的情绪和个人的偏见。特别是政委，在日常工作中往往要处理许多人际关系方面的问题，难免会产生一些负面的情绪，从而影响工作进展，甚至掩盖一些问题的本质。

有一次，我团队中的一个小政委在和我聊天时告诉我，她总觉得有两个员工在说她的坏话。

我询问她是什么事情让她产生这样的怀疑。她告诉我，在绩效考核中，她给这两个员工的绩效打分并不高。绩效考核结束后没多久，在她经过这两个员工身边时，原本在嬉笑聊天的两个人一看到她就停止了聊天，马上回到了各自的工位上。这件事让她觉得很尴尬，也很愤怒。

听了她的描述，我说："你要学会给自己'照镜子'，从自身出发找一找问题的原因。你可以问一问自己为什么会认为他们在说你的坏话？是因为你给他们的绩效分数不符合他们的预期吗？是因为你和他们的沟通不顺畅吗？是因为最近团队氛围出现了问题而你没有发现吗？还是因为你对他们有偏见，主观地认为他们在说你的坏话？"

听了我的话，小政委沉思良久，然后表示自己与其胡乱猜疑，被主观情绪所左右，不如从自身出发找找问题的原因，看看自己作为政委有哪些地方做得不好，这样才能从根本上解决问题。

很多时候，主观意识会影响政委对事物本质的思考和判断，不利于清醒地发现问题的根源。如果政委难以看清事物的本质，就无法高效地解决问题。

因此，政委要时常通过"照自己"的方式进行深刻自省，通过对自己不断提问的方式，客观而真实地探究引发自己主观意识背后的原因是什么。这样做往往能够让政委找到问题的解决方法,并且打开自己的胸怀,成就内心强大的自我。

2. "照搭档"

政委的搭档往往是比自己职位更高的业务搭档。在这种情况下,政委不能畏惧所谓的"权威",要敢于向搭档说真话,通过**"照搭档"**的形式指出对方的缺点和不足。因此,敢于向上级**"开炮"**是对政委的一种考验和修炼。

政委要善于发现搭档的问题,站在平等的视角上和搭档对话,并通过"照镜子"的方式弥补对方的缺点和不足,这样团队才能获得更好的发展。如果政委因为畏惧心理而隐瞒搭档的问题,那么无论是搭档还是团队,都会形成潜在的危机。当这些危机"浮出水面"时,政委再想解决危机则会难上加难。

阿里有着**"真实、不装"**的企业文化。这就要求阿里政委在面对比自己职位更高的搭档时,将真实的情况反馈给对方,不能明知对方存在问题却因为害怕"得罪人"而隐瞒问题。

在给搭档"照镜子"的时候,政委还要做到**"直言有讳"**,要顾及对方的内心感受。政委的表达内容要就事论事、委婉客观,不能带有个人情绪和人身攻击,要让搭档从内心接受这一剂**"苦药"**。

3. "照员工"

"照员工"要求政委让自己成为一面"镜子","照"出员工的缺点和不足,帮助员工更好地认知自我、找到问题、获得成长。

政委要成为员工进步和成长的**"土壤"**,能够发现员工的优点和不足,引导员工保持优点、弥补不足,通过适当的方式对员工形成正面、积极的影响。要想做到这一点,政委就要进行长期的修炼和磨砺。

在成为员工的"镜子"前，政委要先拥有良好的职业素养和丰富的工作经验，用自己优秀的能力带领员工向着更好的方向发展。

在阿里，马云常常会在休息时间在企业内部巡视。他不需要与员工进行深入的沟通，只需要在员工中间走一圈，就能明确地指出某个团队的某个人存在问题。马云就是通过丰富的管理经验和卓越的管理能力来给员工"照镜子"的。

因此，政委要想成为员工的"镜子"，就要努力提升自身的能力，积累更多发现员工问题的经验和方法，这样才能做到"明察秋毫"，给予员工更多成长的建议。

7.1.2 怎么"照"

"照镜子"的核心方法是**"搭场子"**，即政委为搭档、员工搭建一个沟通的"舞台"，让彼此能够"照镜子"，从而达到找到问题、坦诚相待、建立信任的目的。

"搭场子"的范围可以是员工与员工之间、主管与员工之间、政委与搭档之间等。通过搭建起"照镜子"的场景，政委可以让团队成员在一个有秩序、有流程、有氛围、可控制、有仪式感的环境下表达内心最真实的想法，成为彼此的"镜子"，"照出"彼此的问题和不足。

"照镜子"的核心是**真诚**。政委要明白，"照镜子"不是个人情绪的宣泄，不能带着主观偏见和"有色眼镜"来看人，否则就是在"照哈哈镜"，会把原本的问题扭曲、放大，从而引发负面效果。

因此，政委在"搭场子"时要让所有参与"照镜子"的人怀着一颗真诚的心，以帮助他人成长为出发点，才能真正"照"出问题、找到解决方法。

政委也不能忽视"照镜子"的目的。"照镜子"是为了让被

"照镜子"的人发现并认同自己的问题和不足,最终**达成行动上的改变**。如果政委不能让存在问题的人改变,那么"照镜子"就会空有形式、缺乏价值。

阿里政委常常会通过**"裸心会"**的方式来为团队成员"搭场子""照镜子"。所谓"裸心会",就是让团队成员将自己的真实想法呈现出来,以真诚之心相互沟通。在"裸心会"中,政委要做好组织者和主持人的角色,引导团队成员正确地"照镜子"。

下面,我将以一个我在阿里亲身经历的案例来说明如何通过"裸心会"的形式为团队成员搭建一个"照镜子"的"场子"。

在阿里做大政委的时候,我所在的团队中有一个技术总监显得很"高冷",大家在与他相处的过程中总会产生很强的距离感。

之后,我在经过他负责的部门时就会有意识地观察他和他部门的情况,并且发现了一些问题。

第一,这个部门的员工在午餐时间没有人邀请技术总监一起吃饭。一到午休时,员工们会三三两两地结伴而行,而技术总监则经常一个人到食堂吃饭。在阿里,管理者喜欢和员工们"打成一片",而这个部门的情况却显得有些不同。

第二,这名技术总监所在部门员工在出现问题的时候不会主动找他解决问题,而是去找其他部门的主管说明情况。

第三,这名技术总监在多次管理会议上汇报团队建设情况时,都表示没有进行团建活动。

当发现这些情况时,我意识到这名技术总监以及他所负责的部门存在很大的问题。于是,我借着关心员工日常情况的名义去和这个部门的员工进行深入沟通,了解大家对这名技术总监的真实看法。

在和员工沟通的过程中,我通过提出两个问题来考察技术总监和员工之间的关系,一是"在部门中,你最想感谢的人是谁",二是"你觉得技术总监是一个什么样的人"。

沟通后我发现,这个部门的员工没有一个最想感谢技术总监,并且他们在评价技术总监时会给出如"技术总监对自己的要求很松,对员工的要求却很严,存在双重标准的问题""技术总监没有和员工同甘共苦,在团队攻克项目的时候,他总是置身事外,并对员工的工作指指点点""技术总监根本不了解员工,和员工交流时只谈工作不谈生活"等负面评价。

因为员工的反馈与我看到的情况能够相互印证,于是我确认了这名技术总监本身存在很大的问题。于是,我准备以"裸心会"的形式让这名技术总监"照一照镜子",让他认知自身的问题,并进行有效的改进。

我先找到这名技术总监,问他:"你有多长时间没给自己'照镜子'了?"

他说:"我好像从来没有做过这件事。"

我说:"阿里有'照镜子'的文化。为了成长,你想不想给自己照次'镜子'?"

在他表示同意"照镜子"后,我让他向我做出保证,无论员工在这个过程中提出多么尖锐的问题和批评,他都要做到虚心听取意见且不进行反驳和辩解,只在最后阶段针对一些问题给出适当的解释,坦诚自己的问题并给出相应的改进措施。对于我提出的要求,这名技术总监一一答应。

之后,我组织这个部门的员工一起参加这名技术总监的"裸心会",并提前叮嘱员工一定要敢于在会上说真话,要抱着真诚的态度帮助他们的技术总监发现问题、获得成长。

在"裸心会"上,我为了消除员工的顾虑,第一个发言,将我发现的技术总监的问题一一指出。在我的带动下，员工也开始踊跃表达自己对技术总监的看法和意见，将自己的真实想法展现给技术总监。

听了大家的反馈，技术总监深刻认识到自己的问题和错误，并且向大家表示自己会认真改进这些不足，希望大家给他一个改进的机会。

有了这次"照镜子"的经历，这名技术总监在工作中变得更加关心员工，在"打仗"的时候和员工同甘共苦，一起冲在第一线，常常带着员工吃饭、团建，部门的氛围也变得更加和谐。

在日常工作中，政委要善于为团队成员搭建"照镜子"的"场子"，让大家以彼此为"镜"，发现自身的不足和问题，以真诚的心态、坦诚的表达方式来帮助彼此成长、加深彼此的信任，让团队氛围变得更加和谐。

7.2 政委如何"闻味道"

我相信许多政委都会发现这样的问题:随着团队规模越来越大,成员之间的信任感反而岌岌可危,彼此之间不敢讲真话;业绩的压力让员工埋头苦干,虽然结果很好,但是员工的满意度却越来越低……出现这些问题时,政委就需要去"闻味道",找到造成问题的关键所在。

政委要想"闻味道",首先要明确"味道"究竟是什么、"味道"是如何形成的。

"味道"既可以是人与人之间的关系,又可以是团队的气场与氛围,还可以是企业文化。政委要不断地提高自身的敏感度和判断力,从而准确地感知团队和员工的状态,把握和识别"味道",通过员工的言行敏锐地发现员工在价值观层面是否符合企业的要求。

7.2.1 "闻"什么

所谓"味道"就是**价值观**和**状态**,而"闻"就是在判断员工的价值观是否与企业文化相匹配,员工的状态是否出现波动和变化。

在日常工作中,员工会表现出各种各样的言行。政委要学会根据这些言行去**"闻味道"**,看看员工的言行与企业的价值观是否匹配,判断员工是否能够成为与企业**志同道合**的伙伴,能否和团队一起走得更远。

在"闻味道"前，管理者一定要先确保自己对企业文化和价值观有足够深的理解，确保自己认同企业倡导的价值观、对企业的使命和愿景充满信心。只有政委拥有正确的"味道"，才能"闻"出员工身上的"味道"。

阿里是一家极其重视价值观的企业。因此，阿里政委会针对"客户第一、团队合作、拥抱变化、激情、诚信、敬业"这6个方面重点感受员工的"味道"，考察员工的价值观。

"闻味道"既考验政委对于企业文化的理解是否透彻，又考验政委是否拥有良好的洞察力。政委只有能够"闻"到员工言行背后的本质思想，才能"闻"到员工的内心、"闻"到员工的利益，通过"闻味道"来判断员工对于客户价值、团队价值的理解，对于诚信、敬业、信任等问题的看法。

除了对价值观的考察外，政委还要能"闻"出员工的状态，考察员工的心理、情绪是否出现波动，从而将一些不稳定因素"扼杀在摇篮里"。

阿里有句"土话"：**业务经理对结果买单，政委要对人员的状态买单。**

政委要能够通过"闻味道"感受员工是否存在负面情绪，团队氛围是否积极向上。在"闻味道"的过程中，政委要及时发现问题、解决问题、做出调整，从而达到满足员工需求、调整员工状态、为团队打造出良好氛围的目的。

7.2.2 怎么"闻"

政委"闻味道"讲究"四门功课"——"望""闻""问""切"。

1. "望"

"望"就是**观察**。政委需要在日常工作中时刻观察员工的行为、话语、表情，甚至是与他人说话时的音量高低，以此来判断员工的状态。这就需要政委修炼自己"透过现象看本质"的能力，通过观察员工行为中的细节找到问题的核心。

比如，在经过观察后，政委如果发现某些员工在工作中缺少与他人的互动，说话声音也很小，这就在某种程度上证明这个员工缺乏足够的安全感，也说明团队氛围出现了一些问题。

"望"的前提是**足够的关注和重视**。在日常工作中，政委要关注和重视团队中的每一个员工，要将员工视为团队最为宝贵的**财富**。政委不能轻视任何一个员工，要时刻关注员工的行为和状态。在工作中，政委要不断根据员工的工作情况和状态问题，与员工进行充分的沟通和讨论，并提出改进意见。

在"望"出员工工作上的问题后，政委不能以简单粗暴的方式对待员工，而应努力帮助员工解决问题、获得成长。

在阿里，即便面对业绩最差的员工，政委也会或者帮助他们制定并落实改进计划，或者让我们转岗，想办法让员工得到改变和成长，不会轻易做出放弃员工、淘汰员工的决定。正是阿里政委对员工的关注和重视，让阿里的团队更像一个温暖的家庭，让员工对阿里产生归属感，从而发自内心地为企业创造价值。

在"望"出员工状态上的问题后，政委要想办法调整员工的状态，帮助员工获得积极乐观的心态，从而做到"**快乐工作、认真生活**"。

政委不仅要在工作中给予员工足够的安全感，让他们保持良好的状态，还可以通过特定的节日和活动来向员工传递安全感，让员工感受到企业对他们的关注与重视，让团队变成一个家。

比如，政委可以在过年的时候，给员工的家人送年货、送祝福，告诉员工的家人员工在企业中努力奋斗、不断成长，让员工和员工的家人产生自豪感与归属感。

政委要通过对员工的关怀与重视，让员工感受到具有**"温度"**的企业文化，让员工从内心深处愿意去学习和奋斗，让每一个员工都具有符合企业价值观的"味道"。

在阿里，即使是已经离职的员工也会具有浓浓的"阿里味"。阿里会组织"校友会"，让企业和那些已经离职的员工联系与交流，让每一个离职员工都能像老朋友一样重聚一堂，分享自己新的经验与收获，让每一个阿里人心中都埋下情怀的种子。

政委要通过"望"的动作让员工感受到企业对他们的关注和重视，用真心去赢得员工的信任与支持，用情怀去连接每一个员工，从而打造出一个充满"温度"和凝聚力的团队。

2. "闻"

"闻"就是**感受**。当政委发现员工的问题后，需要感受员工的行为，走进员工的内心，考察员工的言行背后的动机是什么、逻辑是什么、价值观是什么。在面对这些出现问题的员工时，政委需要判断他们是否对工作产生了厌倦感，是否对企业怀有质疑，是否对团队中的其他成员抱有猜疑的想法等。

"闻"的过程需要政委不断修炼自己的洞察力，而"闻"出问题后，政委还要有足够的能力去解决这些问题。

政委解决这些问题的最好方式就是将一切透明化。在工作中，政委需要做到不论事情的大小都以公平、公正的态度去解决问题。

比如，阿里就连停车位的分配都能做到公平、公开。阿里的"先锋营"开设在西溪园区，员工多、停车位少。于是，阿里实行车位抽签制,并通过直播的形式向所有员工展示抽签的全部过程,即使是企业的副总裁也要参与"车位抽签",不能享有任何特权。阿里以公开透明的方式来消除员工的顾虑和质疑,从源头上避免员工的"味道"出现问题。

政委可以借鉴阿里的这种做法,努力制定出公平、公正的规则,并将规则公开化、透明化,让员工看到规则运行的方式、过程以及结果,让员工放下心理上的防备,让团队拥有积极向上的前进力量。

3. "问"

"问"就是**沟通**。政委要明白,语言往往是思想外壳,能够直接反映出员工的行为、想法和价值观。通过与员工沟通,政委可以把一些抽象的事物具象化,还原出员工的工作场景和工作行为,进而挖掘出隐藏在员工行为背后的真实想法。

政委要时常找员工进行一对一的单独沟通,让员工在一个放松的环境下表达出内心的真实想法。在这一过程中,政委可以了解到员工可能存在的问题,判断团队的氛围是否积极正向。

"问"的核心在于**平等**。在"问"的过程中,政委要让员工畅所欲言,说出自己真正想说的话,不能以质问、考察的语气和员工对话,否则无法感受到员工的真实"味道"。

阿里为了让员工能够表达出真实的想法,专门开设了企业的内部论坛——"阿里味"。在论坛上,阿里的员工可以畅所欲言,尽情"吐槽"企业的各种问题,即使是马云也会经常在"阿里味"上发帖。在马云发帖后,时常会有员工在帖子下面留言,表达自己的看法和观点,甚至还会对马云进行批评与纠错。

"阿里味"平台加强了阿里员工之间的沟通,为员工打造出一个平等、自由的交流平台,让企业中的问题无所遁形,也让阿里能够向着正确的方向发展。

政委可以为员工建立一个能够自由、平等发言的平台或场景，及时收集、了解员工的真实想法与建议，从而更好地发现团队中的问题，找到有效的改进方法和发展策略，最终让团队形成良好的"味道"。

4. "切"

"切"就是**调查**。政委在通过"望""闻""问"发现问题后，需要通过调查的方式进一步验证问题、分析问题，确保问题的真实性，然后切中问题的要害、抓住事情的矛盾、深挖问题的本质。

比如，政委通过"望""闻""问"这一系列动作，发现团队中的成员普遍存在缺乏安全感的问题。这时，政委就需要通过"切"的动作来探明员工缺乏安全感的真正原因，判断是主管的管理过于严厉，是员工的工作压力过大，还是员工之间缺乏有效的沟通等。

"切"的重点在于**行动**，目的是为了**解决问题**，促使团队形成独特的**"味道"**。

抓住问题的要害是"切"的重要步骤。很多时候，员工的需求得不到满足是许多问题产生的根本原因。因此，政委可以从员工的需求入手，从根本上解决员工的问题。

阿里将员工的需求分为物质需求和精神需求。在物质需求上，阿里努力解决员工的购房需求，曾推出30亿元的"iHome"计划，为员工提供无息购房贷款，让员工能安置自己的小家，解决员工的燃眉之急，为员工提供生活上的保障。在精神需求上，阿里政委重视节日的关怀、荣耀感的赋予、美好未来的规划等，通过送礼物、给荣誉、看未来等形式满足员工的精神需求。

在大部分情况下，政委如果能够解决员工的需求问题，基本上就能"切"中问题的关键，并从根本上解决问题。

同时，政委还要注重对员工行为的深入调查，加强与员工的有效沟通，帮助员工解决工作和生活上的各种问题，这样就能让团队散发出一种简单开放、相互信任的独特"味道"。

7.3 政委如何"揪头发"

"揪头发" 是阿里政委提高自我眼界和胸怀的重要修炼方法。所谓"揪头发",从字面上理解就是**"揪着头发往上提"**,目的是让政委站在更高的视角看待问题,从而提升眼界,培养向上思考、全局思考和系统思考的能力。

我在为许多企业的 HR 进行培训时,发现 HR 常常会出现**"圈子利益"、急功近利**的问题,而这些问题也是阻碍 HR 发展的最大障碍。

有些 HR 只从自己部门和团队的利益出发,很少考虑组织的整体发展,造成争夺组织资源、工作规划与组织发展不匹配等问题。比如,HR 为了部门和团队能够更为轻松地开展工作,于是增加更多的工作岗位,招聘更多的员工,但是组织的战略需求却是缩减编制、提升人效、避免资源的浪费。从短期来看,HR 的这种做法可以解决当前的问题,但是从长期来看却会阻碍组织的发展。这就是 HR "圈子利益"的一种表现。

有些 HR 存在急功近利的问题,只顾短期目标,忽视长远目标,最终造成"捡了芝麻,丢了西瓜"的后果。比如,在招聘的过程中,HR 为了完成招聘目标,放松招聘标准,让许多并不满足岗位要求的人员进入自己的部门和团队。这种做法虽然能让 HR 完成自己的工作,但是大量低素质人员的涌入会让组织承受文化稀释、效率低下、培训成本增加等损失。

无论是"圈子利益"还是急功近利，导致 HR 出现这些问题的根本原因都是 HR 自身的眼界和胸怀存在很大的局限性。

阿里政委不会从自己的小团队、小部门出发去看待问题，而是会"上一个台阶"，通过系统的思考帮助组织更好地发展。阿里政委会通过"揪头发"的方式来修炼自己，避免"圈子利益"、急功近利等问题的出现，站在更高的角度来解决组织和团队中出现的问题。

7.3.1 "揪"什么

阿里政委在"揪头发"时会"揪"三个方面，分别为**"揪眼皮""揪胸膛""揪屁股"**（见图 7-1）。

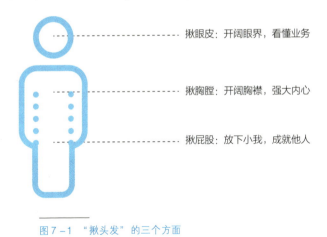

图 7-1 "揪头发"的三个方面

1. "揪眼皮"

"揪眼皮"是阿里政委开阔自我**眼界**的重要方法。通过这种方法，阿里政委可以将组织情况和行业情况看得更加透彻、清楚，真正做到**看懂业务**，帮助组织更好地发展。

优秀的政委需要**懂业务**，能够配合组织开展业务方面的工作，给出相应的支持与协助。政委要想懂业务，不能将视角局限在当前的个人岗位和团队上，而应时常给自己"揪一揪眼皮"，让自己看到组织和行业的现状与发展趋势，这样才能站在全局视角帮助组织找到正确的业务发展方向。

2. "揪胸膛"

"揪胸膛"指的是阿里政委获得**开阔胸襟和强大内心**的修炼方式，能够让阿里政委受得了委屈、扛得住压力。

在阿里，政委常说这样一句话："**政委的胸怀是被委屈撑大的。**"

在工作中，阿里政委常常会遇到许多挫折和不确定性，特别是在处理员工问题的时候，经常会面对大量质疑、猜测、抱怨等负面情绪。这些负面情绪会让阿里政委感受到委屈和压力。阿里政委在处理这种情况时，会通过"揪胸膛"的方式来让自己拥有一颗强大的内心，处变不惊、合理客观地处理各种组织中的问题。

3. "揪屁股"

阿里政委"揪屁股"的目的是**放下小我、成就他人**。

"屁股"指的是自私和小我，是本位主义、急功近利等问题的源头。政委只有放下小我，站在更高的层面来看待问题，才能避免**"屁股决定脑袋"**的情况出现，才能看清问题的本质，才能让组织中的问题得到根本上的解决。

同时，**培养人**是政委的重要工作。一个优秀的政委要懂得如何通过成就他人来成就自己。当政委培养出大量优秀员工的时候，组织整体的战斗力和凝聚力就会得到"质变"的提升，而政委的个人价值也能得到实现。

7.3.2 如何"揪"

"揪头发"是阿里政委从**更广的范围**和**更深的角度**来发现和思考组织问题的有效方法。那么,政委应如何从"揪眼皮""揪胸膛""揪屁股"三个层面进行自我修炼呢?

1. 如何"揪眼皮"

阿里政委在"揪眼皮"时会由大到小从三个层面进行直接训练。这三个层面分别为:

- 做行业历史与发展趋势的分析;
- 做竞争对手的数据整理与分析;
- 做业务的详细规划与发展分析。

阿里政委通过对上述三个层面进行深入的分析,可以让自己站在全局视角重新认知和审视组织和行业的方方面面,更好地了解组织的业务需求和业务方向,从而更好地协调自己和组织中其他成员的工作,为组织的业务发展提供有效的建议。

在"揪眼皮"的第一个阶段,阿里政委会深入分析行业的发展历史与发展趋势,通过对资料的搜集和对数据的分析,整体、全面地了解、认知行业情况,以便为组织提供更好的建议,帮助组织制定长远的战略规划和目标。

在"揪眼皮"的第二个阶段,阿里政委会深入分析竞争对手的现状与数据,发现竞争对手的问题与不足,总结并学习竞争对手的优秀之处,以此来找到可以超越竞争对手的方法,并向组织提供具体、有效、可落地的战略规划和方法。

在"揪眼皮"的第三个阶段,阿里政委会针对组织当前的业务情况进行深入分析，并向组织提供详细的规划与发展建议。在这一阶段，阿里政委会认真研究业务、产品、组织架构等问题，及时跟进组织的业务水平发展，并以此总结出可以促进组织长远发展的详细规划。

在"揪眼皮"的过程中，政委要做到既"广"又"深"，不仅要打开视野，还要加深思考维度。在这一点上，阿里政委都会以马云为榜样，学习他看待组织与行业的方式。

比如，在2016年的云栖大会上，马云就通过自己广阔的眼界看到了电商行业的前景。在会上，他提出阿里要走"新零售"的方向，要形成线上、线下与物流相结合的营销模式。自马云提出"新零售"概念至今，阿里建立起集服饰百货、家电家居、餐饮美食、快消超市等于一体的新零售电商销售生态，从而获得了更好的发展。

马云之所以能够提出"新零售"的概念，是因为他看得"广"。不仅如此，他还能看得"深"。他不仅在阿里内部推动"新零售"转型，还积极与其他企业进行合作，让阿里成为"新零售"的投资者，从而更好地占领"新零售"市场。比如，在2018年，阿里就成为居然之家"新零售"的战略投资者，这让阿里在"新零售"道路上做到了利益最大化和持续性发展。

在"揪眼皮"的过程中，阿里政委会学习马云，先打开自己眼界的广度，站在组织的战略层面去看待业务的发展趋势，而不是成为"井底之蛙"。在清晰理解战略目标后，阿里政委会努力拓展视野的深度，挖掘出市场和客户的需求，配合业务搭档制定出具体的战略规划，从而帮助组织获得更大的利益和更好的发展。

另外，阿里政委在进行"揪眼皮"时，不会仅仅通过简单的数据表格的形式进行独自的分析和训练，而是通过"**教学相长**"的形式,将自己的分析结果详细地向同级和上级主管汇报和讲解,从而使自己更加深入地思考问题、开阔眼界,让自己的思维更加清晰全面、富有逻辑。

2. 如何"揪胸膛"

通过"揪胸膛",阿里政委不仅可以获得良好的**自我调节能力**,训练自己强大的内心,还能够调节**团队的氛围和员工的情绪**,帮助组织形成更强的凝聚力、激发更好的状态。

在"揪胸膛"的过程中,政委要先找到自己**内心的力量**。政委可以通过与员工、搭档、领导进行坦诚交流的方式,挖掘自身成长过程中不断支撑自我前进的动力,找到自己内心中最重要的力量和最有成就感的体验。然后,政委要将这些感觉牢记于心,在之后的工作中遇到委屈和挫折时可以通过回忆这些感觉来让自己保持积极向上的心态。

找到内心的力量后,政委还要加强与团队成员的沟通,以宽阔的胸怀积极争取他人对自己工作的支持。比如,政委要推行一项新政策时,往往会遇到许多阻力。这时,政委可以通过开会、面谈等形式与团队成员进行内部沟通,听取大家对新政策的看法和意见,讨论新政策的必要性和具体的实施方案,从而获得更多的认可和支持,在让自己的工作能够顺利开展的同时,消除组织中的不和谐因素。

3. 如何"揪屁股"

努力构建良好的培养和培训体系是阿里政委"揪屁股"的重要方法。政委要拥有放下小我、成就他人的胸怀和格局,以"伯乐"的身份努力挖掘人才、培养人才,并让这些人才"超越伯乐",这样组织才能得到长久的发展,政委的个人价值和成就才能得以显现。

在"揪屁股"的过程中，阿里政委会建立起**"后备军"机制和管理培训机制**，让更多的人才获得升职的机会和系统的培养，从而让组织时刻保持前进的力量与活力。

"后备军"机制是指政委要发现并培养具有潜力的后备管理人才，让这些具备足够能力的人才能够在未来担任更重要的角色。

阿里有这样一项制度，无论是政委还是管理者，如果没有培养出一个可以替代自己的人才，那么这个政委或管理者就**没有升职的可能**。阿里通过将培养人与政委和管理者的晋升资格相挂钩的方式，让政委和管理者更愿意去发现和培养后备人才，从而建立起"后备军"，使组织能够持续不断地有新鲜**"血液"**注入进来。

阿里的创始人之一彭蕾就是一个善于发现后备人才的高手。在担任阿里首席人才官时，她就发现并培养出一个能力出众的人才，这个人才就是现任阿里首席人力官兼菜鸟网络董事长。

这个人才原本是阿里的前台。当时，她不仅缺乏专业能力，还没有丰富的工作经验。但是在进行前台工作时，她会将每一件事都努力做到完美。她会根据季节的变换主动更替茶水间的饮品，会在客服忙碌时主动为客户进行电话答疑等。

她努力认真的工作态度都被彭蕾看在眼里。彭蕾认定她是具有潜力的人才，于是担当起她的"伯乐"。彭蕾提拔她成为行政部主管，并为她的职业规划提供了许多建议。

正是由于彭蕾的挖掘与培养，得到了快速成长，并获得了如今的成就；同时，阿里也收获了一名强有力的"将领"，并在这名"将领"的努力下获得了更多的成功。

从这一案例可以看出，政委要努力为组织建立起"后备军"机制，加强对优秀人才的挖掘。除了挖掘优秀人才外，政委还要为这些人才建立起专业的管理培训机制,培养他们的管理能力,让他们能够在未来胜任更高的职位。

另外,政委还要允许人才的正常流动,尽可能让每一个人才都能在合适的岗位上贡献自己的价值。比如,阿里政委会通过轮岗的机制来让员工与企业的需求相匹配,通过动态的岗位管理制度提高组织的安全性与稳定性。

附录 阿里政委"土话"

梦想篇

梦想还是要有的,万一实现了呢?
梦想就是做梦都在想。
梦想不足以让你到达远方,但是到达远方的人一定有梦想。
因为相信,所以看见。
不仅做被梦想激励的人,更要做造梦者。
战略就是客户价值,文化就是言行举止。
仰望星空,脚踏实地。
理想是把每个人的梦想变成一群人共同的理想。

敬业篇

快乐工作,认真生活。
既要低头拉车,又要抬头看路。
没有"坑",就先让自己成为萝卜。
总是想要证明自己,就没有了投入工作的心态。
不要事情找你,而是你要找事情。
勇敢向上,坚决向左。
剥洋葱,刨根问底。

压力篇

方法总比困难多。
成功者找方法,失败者找借口。
既要,又要,还要。
So What!
不难,要你干嘛?
Don't complain. Go fix it.
非凡人,平常心,非凡事。
学会左手温暖右手。

管理篇

战略是打出来的。
阳光灿烂的时候修屋顶。
找最合适的人,不是找最好的人。
心要慈,刀要快。
要驱动别人,先点燃自己。
做发动机,不要做飞轮。
任何人的错都是我的错。
管理不是为了方便自己,而是为了方便别人。